JN272183

実践!
刑事弁護異議マニュアル

大阪弁護士会
刑事弁護委員会　公判弁護実務部会

現代人文社

『実践！刑事弁護異議マニュアル』出版にあたって

　2009（平成21）年5月21日より施行された裁判員裁判は、刑事裁判の核心を公判に呼び戻すものであった。

　戦後新刑事訴訟法下でのわが国の刑事裁判は、密室の取調室で作成された調書を証拠の中心に据えた「調書裁判」が横行してきた。しかし、一般の市民を事実認定者に加えた裁判員制度下においては、公判における証拠、特に尋問結果こそが事実認定の中心に据えられなければならない。「公判中心主義」、それこそが、裁判員裁判に求められる実質である。そして実際に、裁判員裁判においては、検察官の請求する書証は限定的なものとなり、尋問がより重視される運用がなされている。そして、そのような運用は、徐々に裁判員裁判以外の刑事裁判においても、確実に波及している。

　「公判中心主義」下の刑事裁判において弁護人に求められるのは、公判での臨機応変な対応である。その中でも、検察官（場合によっては裁判所・裁判官）の尋問における弁護人の異議申立（もしくは検察官からの異議の申立に対する対応）は、弁護人が法文（刑事訴訟規則も含めて）を十分に理解し、かつ、それを実際に縦横無尽に使いこなすことが求められる。すなわち、「公判中心主義」における刑事法廷において、弁護人には、異議について高い見識とスキルが求められるのである。

　ところが、わが国において、「異議」に特化した論文は数少なく、書籍に至っては皆無であった。特に新人弁護士が異議について学ぶツールは限られていたのである。したがって、法廷において実際に他の弁護人や検察官の異議を見て、それを真似ることで学ぶしかなかった。また、理論的に異議を捉えて考えることは、刑事弁護を多く手がける弁護士であっても、非常に困難であった。

　本書は、刑事弁護に心血を注いでいる大阪の若手弁護士が中心となって企画・立案した本邦初の異議に特化した書籍である。そして、原稿も基本的に若手中心で執筆し、それに大阪のベテラン刑事弁護人が適宜意見を述べることで、内容を熟成させていった。その過程では、相当程度の執筆会議が開かれ、その都度異議についての真剣な議論が繰り返され、書き直しがされた。執筆におけるかような妥協なき姿勢が、本書をまごうことなき「ONE AND ONLY」の専門書にして、使い勝手のよいマニュアルにした。

　大阪の若手刑事弁護人の熱いスピリッツを、大阪から全国に自信を持ってお届けする。本書が、個々の刑事弁護人の弁護活動の強い味方となることを、願ってやまない。いや、必ずそうなるはずである。

2011（平成23）年11月
執筆者一同

目次

『実践！刑事弁護異議マニュアル』出版にあたって　iii

第1章　総論 ………………………………………………………………… 1

第1　目的　1
  1　異議とは何か　1
  2　異議申立の目的　1
  3　法309条の異議の範囲　1
  4　異議を申し立てた場合の手続の流れ　2
    (1)　異議に理由があると認められた場合　2
    (2)　異議に理由がないと判断された場合　2
    (3)　異議が不適法な場合　3

第2　法的根拠　3
  1　法309条1項の異議　3
  2　法309条2項の異議　3

第3　異議の心得　4

第2章　尋問における異議 ………………………………………………… 5

第1　総論　5
  1　尋問における異議の重要性　5
  2　尋問における異議の法的根拠　6
  3　尋問における異議の類型　6
  4　異議を申し立てた場合の手続の流れ　7
  5　異議の申し立て方　7
    (1)　理由の述べ方　8
    (2)　異議を申し立てるタイミング　8
      ア　異議を申し立てられない心理　8　　イ　早めの異議　9
    (3)　違法・不相当な尋問であっても異議を申し立てない場合　9
    (4)　異議を申し立てた後の注意点　9
    (5)　裁判員裁判で異議を申し立てる場合　10
  6　検察官から異議を申し立てられたときの対応　10
    (1)　冷静に　10
    (2)　意見は、明確かつ簡潔に　10

⑶　検察官の異議申立に理由があれば撤退する　11
　⑷　検察官の異議申立が棄却された場合　11
　⑸　異議が認められても慌てるな　11
 7　異議の上達方法、事前準備　11
　⑴　主尋問の訓練　11
　⑵　類型を頭に入れる　11
　⑶　尋問の予測　11

第2　各論　12

 1　関連性のない尋問（規則199条の3第1項）　12
　⑴　意義　12
　⑵　具体例－電車内での痴漢事件で犯人性が争点となっているケース－　13
 2　主尋問における誘導尋問（規則199条の3第3項）　13
　⑴　意義　13
　⑵　具体例　14
 3　不相当な誘導尋問（規則199条の3第5項）　15
　⑴　意義　15
　⑵　具体例　15
 4　誤導尋問（規則199条の3第3項・5項）　16
　⑴　意義　16
　⑵　具体例　16
 5　要約不適切な尋問（規則199条の3第3項・5項）　17
　⑴　意義　17
　⑵　具体例　17
 6　前提誤認の尋問（規則199条の3第3項・5項）　17
　⑴　意義　17
　⑵　具体例　17
 7　反対尋問の範囲外（規則199条の4第1項）　18
　⑴　意義　18
　⑵　具体例　18
　⑶　検察官の異議への対応　18
　⑷　反対尋問の機会における新たな事項の尋問　19
 8　再主尋問の範囲外（規則199条の7第1項）　20
 9　書面、物などを示してする尋問（規則199条の10、同199条の11、同199条の12）　20
　⑴　総論　20
　⑵　規則199条の10　20
　　ア　意義　20　　イ　具体例－ナイフの関連性を争っているケース－　21
　⑶　規則199条の11　22
　　ア　意義　22　　イ　書面などを示す手順　22　　ウ　具体例　22
　⑷　規則199条の12　23
　　ア　意義　23　　イ　具体例　23

10　個別的でない尋問、具体的でない尋問（規則199条の13第1項）　24
　　⑴　意義　24
　　⑵　具体例　24
   11　威嚇的な尋問、侮辱的な尋問（規則199条の13第2項1号）　24
   12　重複尋問（規則199条の13第2項2号）　25
　　⑴　意義　25
　　⑵　具体例　25
　　⑶　検察官に異議を出されたときの対応の具体例　25
   13　意見を求める尋問（規則199条の13第2項3号、法156条）　26
　　⑴　意義　26
　　⑵　具体例　26
   14　議論にわたる尋問（規則199条の13第2項3号）　28
　　⑴　意義　28
　　⑵　具体例　28
   15　証人が直接経験しなかった事実についての尋問（規則199条の13第2項4号）　29
　　⑴　意義　29
　　⑵　具体例　29
   16　その他の違法な尋問に対する異議　30
　　⑴　伝聞供述を求める尋問（法320条1項）　30
　　　ア　意義　30　　　イ　具体例　30
　　⑵　黙秘権を侵害する尋問に対する異議（憲法38条1項、法311条1項）　31
　　　ア　意義　31　　　イ　具体例　31
　　⑶　秘密交通権を侵害する尋問に対する異議（法39条1項、憲法34条前段、同37条3項）　32
　　　ア　意義　32　　　イ　具体例　32
   17　補充尋問に対する異議　33
　　⑴　意義　33
　　⑵　具体例　33

第3章　その他の場面における異議　35

第1　冒頭手続　35
   1　起訴状朗読の場面　35
　　⑴　裁判長が弁護人からの求釈明に応じない場合　35
　　⑵　起訴状に余事記載がある場合　35
   2　被告事件についての陳述（法291条3項）　35

第2　証拠調べ手続　36
   1　検察官の冒頭陳述　36
　　⑴　心構え　36
　　⑵　罪体の認定に予断を抱かせる内容の冒頭陳述　37
　　⑶　冒頭陳述の欠如、内容の省略された冒頭陳述および不完全な冒頭陳述の場合　37

⑷　証拠に基づかない冒頭陳述　37
　⑸　証拠調べの先取り的な冒頭陳述　38
　⑹　書面に対する異議　38
　⑺　視覚資料に対する異議　39
2　証拠決定　39
　⑴　検察官の証拠調べ請求に対する証拠決定　39
　　ア　関連性の認められない証拠について、証拠採用決定がなされた場合　39
　　イ　必要性の認められない証拠について、証拠採用決定がなされた場合　40
　⑵　弁護人の証拠調べ請求に対する証拠決定　40
3　証拠調べの範囲・順序・方法の決定　40
4　証拠調べの方法に対する異議　41
　⑴　要旨の告知方式を採用する決定に対する異議（規則203条の2）　41
　⑵　書面の朗読、物の展示等の際に評価を述べた場合の異議　41
　⑶　裁判員裁判で想定される証拠調べの方式に対する異議　41
5　法321条1項2号　42
　⑴　法321条1項2号に違反する典型的場面　42
　⑵　法321条1項2号後段の要件を満たさないとの異議　42
　　ア　相反性と特信性　42　　イ　その他の要件を欠くことについて　44
　⑶　証拠採用決定前の証人尋問の方法　46
6　法322条　46
　⑴　法322条に違反する典型的場面　46
　⑵　法322条1項前段の要件を満たさないとする異議　47
　　ア　不利益事実の承認にあたらないとする異議　47
　　イ　「供述を録取した書面」にあたらないとする異議　47
　　ウ　任意性を欠くとする異議　48
　　エ　特信性（「特に信用すべき情況」）の要件を欠くとする異議　53
　　オ　法322条2項の要件を満たさないとする異議　54
　⑶　必要性がないことを理由とする異議　54
7　法323条　55
　⑴　法323条に違反する典型的場面　55
　⑵　法323条各号該当性が問題となった判例　55
　　ア　法323条1号（戸籍謄本、公正証書謄本その他公務員がその職務上
　　　　証明することができる事実についてその公務員の作成した書面）　55
　　イ　法323条2号（商業帳簿、航海日誌その他業務の通常の過程において
　　　　作成された書面）　56
　　ウ　法323条3号（前2号に掲げるものの外特に信用すべき情況の下に
　　　　作成された書面）　56
8　法328条　57
　⑴　法328条の趣旨　57
　⑵　検察官が法328条に基づき自己矛盾供述の証拠調べを請求する場合　57
　⑶　弁護人が法328条に基づき自己矛盾供述の証拠調べを請求する場合　58

9　違法収集証拠　58
第3　弁論手続　59
　1　論告（法293条1項、規則211条の3）　59
　2　弁論（法293条2項）　59
第4　その他　60
　1　公判前整理手続　60
　　⑴　総論　60
　　⑵　被告人に対する質問（法316条の9、同316条の10）　60
　　⑶　証明予定事実記載書における証拠の引用　60
　　⑷　その他の手続における異議　61
　　⑸　公判前整理手続終了後の証拠調べ請求　61
　2　犯罪被害者参加　62
　　⑴　犯罪被害者が刑事事件に関与する場面　62
　　⑵　被害者等が証人となる場合　62
　　⑶　被害者等の意見の陳述がなされる場合　62
　　⑷　被害者参加制度　63
　　　ア　制度の概要　63　　イ　被害者参加の申出等に対する意見　63
　　　ウ　証人尋問　64　　エ　被告人質問　64
　　　オ　事実または法律の適用についての意見陳述（被害者論告）　65
　　⑸　付添い、遮蔽、ビデオリンク　65
　　⑹　被害者等に対する異議申立の注意点　65

第4章　実践から学ぶ異議申立──後藤貞人弁護士インタビュー……67

付録「尋問における異議申立一覧カード」
　※　切り取って、法廷で参照するなどしてご活用ください。

第1章

総　論

第1　目的

1　異議とは何か

　刑事訴訟法（以下、法）309条による異議とは、当事者が、受訴裁判所に対して、裁判所・裁判長・訴訟関係人等の行為につきその是正を求める不服申立をいう。申立は受訴裁判所に対して行う。直接対立当事者に向けて行うものではない。申立の対象は裁判所・裁判長・訴訟関係人等の行為である。例えば、裁判所の証拠採否の決定、裁判長による釈明のための発問、検察官の尋問、被害者参加人の尋問などである。なお、被告人質問でも証人尋問に準じて異議を申し立てることができる。

2　異議申立の目的

　適切な異議を申し立てることで、検察官や裁判所等の違法・不相当な行為、処分、決定等の瑕疵を治癒し正しい裁判に戻すことができる。逆に、異議を申し立てなかった場合、責問権の放棄として瑕疵が治癒されたと扱われることがある。

　例えば、伝聞事項に及ぶ証言に対して異議を申し立てなければ、同意があったものとして扱われる（最決昭59・2・29最高裁判所刑事判例集38巻3号479頁）。

　仮に異議が棄却されたとしても、是正されなかった訴訟手続は、「訴訟手続の法令違反」として控訴理由のひとつになる（法379条）。また、異議を申し立てておかなければ、前述の責問権の放棄として適法な控訴理由とは扱われない場合もある。

3　法309条の異議の範囲

　刑事訴訟法・規則上、法50条1項（要旨調書の正確性に対する異議）、法299条1項但書き・法315条の2但書き・法320条2項但書き・刑事訴訟規則（以下、規則）179条3項（手続省略に対する異議）、法428条2項（高裁の決定に対する異議）、法502条（執行に対する異議）等の異議の規定は、法309条の異議とは性質を異にする。

　また、証拠調べの請求に対し、相手方が「（取調べに）異議なし」、「しかるべく」あるいは「（取調べに）異議あり」等と述べるのは、法309条に基づく異議ではなく、規則190条2項に基づく意見である。

訴因変更許可決定（法312条1項）、被害者参加決定（法316条の33第1項）、弁論の分離・併合・再開の決定（法313条1項・2項、規則210条）などの手続は、「証拠調べに関」するものではなく、「裁判長の処分」でもないため、法309条に基づく異議を申し立てることはできない。もっとも、決定に不服がある場合には、裁判所に再考を求める意味で、決定に対して「異議がある」と反対の意見を述べるべきである。なお、抗告ができるかどうかは説が分かれる（法419条、同420条1項）。被告人に重大な不利益が及ぶ場合には抗告を検討すべきであろう。

4　異議を申し立てた場合の手続の流れ

弁護人が異議を申し立てた場合の手続の流れは下記のとおりである。
① 裁判所に対して、異議を申し立てる旨（「異議があります」など）とその理由を述べる。異議の申立は、個々の行為、処分または決定ごとに、簡潔にその理由を示して、直ちにしなければならない（規則205条の2）。
② 裁判所が相手方に意見を求める（規則33条1項）。
③ 相手方は意見を述べる。
④ 異議を申し立てた当事者は相手方の意見に反論があれば述べる。
⑤ 裁判所は、遅滞なく決定をする（法309条3項、規則205条の3）。

(1)　異議に理由があると認められた場合

異議を申し立てられた行為の中止、撤回、取消または変更を命ずる等その申立に対応する決定がされる（規則205条の6第1項）。

また、取り調べた証拠が証拠とすることができないものであることを理由とする異議の申立を理由があると認めるときは、その証拠の全部または一部を排除する決定をしなければならない（規則205条の6第2項）。

〔例〕
裁判長　異議を認めます。質問を変えてください。

(2)　異議に理由がないと判断された場合

決定で棄却される（規則205条の5）。

〔例〕
裁判長　異議を棄却します。質問を続けてください。

(3) 異議が不適法な場合

決定で却下される（規則205条の4本文）。

第2 法的根拠

1 法309条1項の異議

証拠調べに関する異議である。

「証拠調べに関し」とは、検察官の冒頭陳述から証拠調べの終了までの証拠調べの全過程における裁判所・裁判長・訴訟関係人等の証拠調べに関するすべての訴訟行為に関し、という意味である。

具体的には、弁護人は、検察官の冒頭陳述、証拠調べの範囲・順序等を定める手続、裁判所の証拠決定、証人尋問における相手方の尋問等について異議を申し立てることができる。

法309条1項による異議は、法令違反があることまたは相当でないことを理由として申し立てることができる（規則205条1項）。

ただし、証拠調べに関する決定に対しては、相当でないことを理由として申し立てることができない（規則205条1項但書き）。これは、異議権の濫用によって手続が不当に混乱・遅延する弊害を避けるためである。ただし、直接明文の規定に反しない場合でも、裁量権を著しく逸脱する場合には、法令違反の問題が生じうる。

「証拠調べに関する決定」には、具体的には、証拠採否に関する決定、証拠調べの範囲・順序・方法を定めまたは変更する決定（法297条）、職権による証拠排除決定（規則207条）などがある。

2 法309条2項の異議

裁判長の処分に対する異議である。

法309条2項に基づく異議は、法令の違反があることを理由とする場合にのみ許される（規則205条2項）。

法309条2項に基づく異議の対象は、裁判長の訴訟指揮権に基づく処分（法294条、規則208条1項、同212条）と法廷警察権に基づく処分（法288条等）である（法廷警察権が本項による異議に含まれることにつき、東京高決昭28・12・4高等裁判所刑事判決特報39号211頁）。

なお、証拠調べに関する裁判長の処分は法309条2項の異議の対象から除外される。例えば、裁判長の証人尋問の制限（法295条1項ないし3項）、介入権の行使（規則201条）

等に対する異議は法309条1項に基づく。なぜなら、証拠調べには流動的な要素が多く、法309条1項による異議（不相当を理由とする異議を含む）を許しても、手続の安定を害することはないからである。

第3　異議の心得

　異議は時宜に応じて適切に申し立てることが必要である。時機に遅れた異議は、決定で却下される（規則205条の4）。また、明らかに不適切な異議は、訴訟の進行をもっぱら阻害し、裁判員・裁判官の信頼を損なう。適切な異議を申し立てるためには、記録を精査し、的確な訴訟の見通しを立てて、異議を申し立てる必要の生じる相手方等の訴訟行為を予測することが必要である。そして、異議を申し立てる時期および理由についてもあらかじめ周到に準備しておくことも重要である。

　また、相手方から異議を申し立てられる可能性についても十分検討し、相手方の異議に対して適切に対応できるよう準備しておくべきである。

第2章

尋問における異議

第1　総論

1　尋問における異議の重要性

> 検察官　あなたは被告人が右手にナイフを持ってるのを見たわけですか。
> 証　人　はい。
> 検察官　ナイフの切っ先は被害者のほうを向いていたということですかね。
> 証　人　はい。
> 検察官　被告人がナイフで刺すのを見ましたか。
> 証　人　はい。

　この証言を聞いて、裁判所はどういう認定をするだろうか。
　「証人は検察官の誘導に沿って『はい』と言っているだけであり、果たして独自の記憶に基づいて証言したものか疑わしく、被告人が被害者を刺したとの証言は直ちに信用することはできない」……とはならない。
　誘導尋問に対して「はい」と答えるのを放置すれば、「被告人は右手にナイフを持って切っ先を被害者のほうに向けたうえで刺したとの証言は信用できる」と認定されてしまう。
　では、どうすればよいか。

> 検察官　あなたは被告人が右手にナイフを持ってるのを見たわけですか。
> 弁護人　異議があります。誘導です。
> 裁判長　質問を変えてください。
> 検察官　被告人は手に何か持っていましたか。
> 証　人　はっきりわかりませんがナイフのようなものを持っていたと思います。
> 検察官　ナイフではないんですか。
> 証　人　何か金属のようには見えましたが、ナイフかどうかまではわかりませんでした。

> 検察官　手はどちらですか。
> 証　人　はっきり覚えていません。
> 検察官　先端は被害者のほうを向いていたということですかね。
> 弁護人　異議があります。誘導です。
> 裁判長　質問を変えてください。
> 検察官　ナイフのようなものはどちらを向いていたんですか。
> 証　人　手は下にたらすような形だったので、被害者のほうの足元を向いているような状態でした。

　まったく違う事実が現れた。適切な異議によって証言は変わった。
　ここから2つのことがいえる。1つは、誘導によってたやすく証言は歪められるということ。もう1つは、異議の申立によってそれを防ぐことは可能だということだ。
　今ここで取り上げた例は誘導尋問だけである。しかし、それ以外の違法・不相当な尋問も同じである。違法・不相当な尋問は、必ず何らかの形で証言と認定を歪める。それを正すのは弁護人の役目であり、適切な異議の申立はそれを可能にする。

2　尋問における異議の法的根拠

　尋問における異議の根拠条文は法309条1項である。「法令の違反があること又は相当でないこと」を理由としてすることができる（規則205条1項）。
　ただ、弁護人が異議を申し立てても、裁判長が直ちに法309条1項の異議として取り扱わず、尋問者に対する注意喚起や裁判長に対する職権発動（法295条、規則201条に基づく訴訟指揮）を求める申立として取り扱う場合があるから注意が必要である。裁判所に決定を求めたいときは、法309条1項に基づく異議の申立であることを明確に述べる。
　控訴審・上告審は、原審記録に基づいて判断するのが原則である。そこで、上訴審での争点となりうることも意識し、適切な異議を申し立てたうえで、公判調書に記録させ（規則44条1項14号）、原審の証言が違法・不相当な尋問に基づくこと（あるいは異議を認めなかった訴訟指揮に違法があること）を明確にしておくことも忘れてはならない。

3　尋問における異議の類型

　本書では、尋問における異議の類型を下記のとおり整理する。
　適切に異議を申し立てるためには、下記の類型を十分に理解し、検察官・裁判官・裁判員の尋問がどの類型にあたり、違法・不相当になるのかを即座に判断しなくてはならない。
　詳細は各論で解説する。

① 関連性のない尋問（規則199条の3第1項）
② 主尋問における誘導尋問（規則199条の3第3項）
③ 不相当な誘導尋問（規則199条の3第5項）
④ 誤導尋問（規則199条の3第3項・5項）
⑤ 要約不適切な尋問（規則199条の3第3項・5項）
⑥ 前提誤認の尋問（規則199条の3第3項・5項）
⑦ 反対尋問の範囲外（規則199条の4第1項）
⑧ 再主尋問の範囲外（規則199条の7第1項）
⑨ 書面、物などを示してする尋問（規則199条の10、同199条の11、同199条の12）
⑩ 個別的でない尋問、具体的でない尋問（規則199条の13第1項）
⑪ 威嚇的な尋問、侮辱的な尋問（規則199条の13第2項1号）
⑫ 重複尋問（規則199条の13第2項2号）
⑬ 意見を求める尋問（規則199条の13第2項3号、法156条）
⑭ 議論にわたる尋問（規則199条の13第2項3号）
⑮ 証人が直接経験しなかった事実についての尋問（規則199条の13第2項4号）
⑯ その他の違法な尋問に対する異議
　伝聞供述を求める尋問（法320条1項）
　黙秘権を侵害する尋問（憲法38条1項、法311条1項）
　秘密交通権を侵害する尋問（憲法34条前段、同37条3項、法39条1項）

4　異議を申し立てた場合の手続の流れ

　異議を申し立てた場合の手続の流れは、第1章第1の4「異議を申し立てた場合の手続の流れ」（2頁）で説明したとおりである。ここでは検察官の主尋問に対して異議を申し立てた場合の具体例を示す。

〔例〕
検察官　あなたは被告人が右手にナイフを持ってるのを見たわけですか。
弁護人　異議があります。誘導です（法309条1項）。
裁判長　検察官、ご意見は（規則33条1項）。
検察官　異議には理由がないものと思料します。
裁判長　異議を認めます。質問を変えてください（規則205条の6第1項）。

5　異議の申し立て方

　異議の申立は、起立するとともに、裁判所に対し、「異議があります」と申し立て、続

いて「誘導です」などと理由を簡潔に述べて行う。裁判所が裁定をするまで着席しない。
　なお、決して感情的にならず、冷静な口調で述べなければならない。

(1) 理由の述べ方

　異議申立の理由を適切に述べられるかによって、異議が認められるかどうかは大きく左右される。

　理由を述べる際には、①どの類型に基づいて異議を申し立てているのか、②それがなぜその類型に該当するのか、という2つの要素を意識し、それぞれについて明確に述べる。

〔例〕
検察官	あなたはXさんから被告人が何をしたと聞きましたか。
弁護人	異議があります。伝聞供述を求める尋問です。
検察官	証人が聞いたという事実自体を立証しようとするものであり、伝聞供述ではありません。
弁護人	検察官の述べた要証事実を前提としても異議があります。証人が聞いた事実自体を質問するのであれば、関連性がありません（①）。証人がその事実を聞いたということ自体は、本件公訴事実に対して何の証明力もありません（②）。
裁判長	異議を認めます。検察官は質問を変えてください。

　上記の弁護人の意見のうち、「関連性がありません」と述べる部分が類型の指摘である（①）。次いで、尋問がなぜ関連性がないといえるのかの説明として、「公訴事実に対して証明力がない」ということを指摘している（②）。

　もちろん、すべての異議に必ず詳しい理由を付すかといえばそうではない（単に「誘導です」と述べる場合など）。理由を述べなくとも類型にあたることが明らかな場合もあるからだ。しかし、裁判所の判断が微妙であると思われる場合には、上記のようにある程度詳しい、明確な理由を付すべきである。

(2) 異議を申し立てるタイミング

ア　異議を申し立てられない心理

　異議を申し立てられない理由として、経験や知識の問題だけでなく、心理的な問題が影響しているように思われる。

　検察官の主尋問は、基本的に誘導が多い。それを、争点にはそれほど関係がないからと放っておくうちに、検察官はさらに誘導を積み重ねていく。そうするうちに、「さっき

の誘導は放っておいたのに、今さらこの程度の誘導にあらためて異議を申し立てるのも……」といった、悪しきバランス感覚とでもいうべき心理が働き始める。

こうなってしまうとお手上げであり、慣れていない人の場合はもう異議を申し立てられなくなってしまう。そのまま争点に関わる核心部分において検察官が誘導尋問をしても、異議を申し立てられずに終わってしまうことになりかねない。

イ　早めの異議

異議を申し立てられない心理に陥らないためには、早めに何度か異議を申し立てておくことである。

証人の経歴などの争いのない前提事項の質問が終わったら、中心争点に入る前に異議を申し立てるという方法は有効である。誘導を待っておいて、出たら即異議を申し立てるというのもひとつの方法である。一度申し立てるだけでも、以下のような効果がある。

・検察官が慎重になって、誘導が減る。
・裁判所が尋問内容に敏感になるとともに、異議の裁定に慎重になる。
・弁護人が躊躇なく異議を申し立てられるようになる。

それによって、争点に関わる肝心なところで誘導その他の違法・不相当な尋問をされる危険が減る。仮に違法・不相当な尋問がなされたときは、裁判官が気づきやすいし、弁護人は心理的に異議を申し立てやすい。

このほか、事実上の申立という方法もある。

例えば、前提尋問が誘導で終わった段階で、「これ以降、争点に関係しますから誘導なしで質問してください」と言う。これは厳格な要件の判断をする必要がないので申し立てやすく、また、牽制の効果は十分ある。

(3)　違法・不相当な尋問であっても異議を申し立てない場合

検察官の尋問に違法・不相当なものがあっても、異議を申し立てないほうがよい場合もある。例えば、検察官の誤導尋問によって、客観的証拠と矛盾する証言をした場合や、検察官の誘導尋問によって、自己矛盾供述を始めたような場合である。このような場合は、自由に証言をさせたうえで、後の反対尋問で、客観証拠や自己矛盾供述をぶつけて弾劾するほうが効果的といえる。

(4)　異議を申し立てた後の注意点

弁護人の異議が認められた後も、検察官が実質的に質問を変えず、同じ趣旨の質問をしようとすることはよくある。緊張感を失わないようにすべきである。

異議を申し立てたが、証人が異議の対象である尋問を前提に先に証言してしまうこと

もある。このように、裁判員・裁判官が見聞すべきでない情報が法廷に顕出されてしまった場合は、速やかに異議を申し立て証拠排除決定（規則205条の6第2項）するように求める。

(5) 裁判員裁判で異議を申し立てる場合

　裁判員裁判で異議を申し立てる際も、原則として裁判官裁判と同じように端的に異議の理由を述べるだけで足りる。しかし、裁判員に異議の理由がわかるように平易な言葉で簡潔に説明すべき場面がある。アンフェアな尋問がなされていることを裁判員に意識してもらうためである。ほかにも、検察官の意見に対して反論をすべき場面、裁判官から理由を問われた場面、異議申立を繰り返しても裁判所が正しい裁定をしない場面などが考えられる。

〔例①〕
検察官　あなたは被告人が右手でAさんの顔面を殴っているところを見ましたか。
弁護人　異議があります。誘導です。検察官の期待する答えが質問に含まれており、証言に不当な影響を与える質問です。
裁判長　異議を認めます。検察官は質問を変えてください。

〔例②〕
検察官　Aさんは被告人から顔面を右手で殴られたかどうかについて、あなたに何と言っていましたか。
弁護人　異議があります。伝聞供述を答えさせる違法な質問です。刑事訴訟法では、人から伝え聞いたことは誤りが入りやすいことから、証拠とすることが原則として禁じられています。

6　検察官から異議を申し立てられたときの対応

(1) 冷静に

　検察官の異議申立に、感情的に反応しない。裁判長から意見を求められるのを待ち、裁判所に向かって冷静に意見を述べる。

(2) 意見は、明確かつ簡潔に

　異議に理由がない場合には、明確かつ簡潔に理由を述べる。「検察官の異議には理由がありません」では物足りない。違法・不相当な尋問でないことを適切に反論する。

⑶　検察官の異議申立に理由があれば撤退する

　検察官の異議に理由がある場合は、速やかに撤退し、「では、質問を変えます」と言って、異議を申し立てられない適切な尋問をし直す。

⑷　検察官の異議申立が棄却された場合

　異議を申し立てられた質問について、答えが出ていない場合は、あらためて質問して答えてもらう。証人がすでに答えていた場合は、念のため、確認しておくようにする。異議で途切れた尋問の流れを自然にもとに戻していく配慮が必要な場面である。

⑸　異議が認められても慌てるな

　異議が認められてしまったからといって、その尋問事項全体を飛ばす必要はない。落ち着いて、獲得すべき証言を確認し、質問の仕方を変えるなどして、何らかの方法で最終的に必要な情報を法廷に顕出させるように工夫すべきである。慌てる必要はまったくない。

7　異議の上達方法、事前準備

　異議の上達方法や事前準備に関することとして以下の指摘をしておく。

⑴　主尋問の訓練

　主尋問の訓練をすることは、異議の上達にとって不可欠である。
　例えば、誘導尋問をしないような主尋問を日頃訓練していれば、何が誘導であって何が誘導でないかは、直観的に判断することができるようになる。
　それ以外の不当な尋問についても同様である。

⑵　類型を頭に入れる

　異議はその尋問が法律上許容されていないことを理由にするのであるから、どの類型にあたって違法・不相当であるかを把握することで、正確な異議が可能になる。特に、異議の理由を述べる際に重要である。

⑶　尋問の予測

　争点把握と供述調書をはじめとした証拠の分析を十分に行っていれば、検察官が違法・不相当な尋問をすることを予測できる場合が多い。
　例えば、誘導尋問がなされるのは、なかなか思うとおりの供述が得られないときが多い。調書を丁寧に分析していれば、検察官が証人に言わせたいことは容易に把握できる。

もし証人がその点について言い淀んだり、ポイントがずれたりして十分な供述が得られなかった場合には、誘導尋問を予測して警戒することになる。

また、伝聞供述についても、供述調書中に伝聞供述が含まれているときには、実際に尋問でも同様の質問がなされる可能性があると予測できる。

第2　各論

1　関連性のない尋問（規則199条の3第1項）
(1)　意義

主尋問は、立証事項とその関連事項について行わなければならない（規則199条の3第1項）。「立証事項」とは、証人尋問を請求した者が証明すべき事実または立証趣旨として明示した事項、「関連する事項」とは、立証すべき事項に直接または間接に関連する事項のことである。関連の程度があまりに間接的な事項は、上記規則に基づき関連性を否定されると考えられている。

しかし、実務的には必ずしも厳格に運用されているとはいえず、関連性のない尋問が許容されている場面も少なくない。

「関連性」について明確に定めた規定はない。しかし、関連性のない事実を立証する証拠を取り調べることは許されない。関連性は、「自然的関連性」と「法律的関連性」に分類される。自然的関連性は、「証拠として必要とされる最小限度の証明力」と定義され、それを欠く証拠はそもそも証拠能力はないとされる。法律的関連性は、自然的関連性は否定されないものの、裁判官・裁判員に不当な偏見を与えたり、争点の混乱を惹起したりするような事実の証拠調べについて、政策的観点から関連性がないものとする考え方である。被告人の悪性格、前科、他の犯罪事実がそれにあたる。もっとも、犯人性ではなく情状事実としてこれらの事実を立証する場合は、関連性は肯定される。

関連性の範囲は立証趣旨によって変わる。

犯人性を立証するために、被告人の悪性格・前科・他の犯罪事実を証拠とすることは許されないことは明らかである。他方で、情状事実として多種多様な事実を証拠とすることは、法定刑の幅の広い刑法の下では、その必要性を否定することはできない。しかし、情状事実の名の下に、その範囲を無限定に拡散することまでは許容されていないと考えるべきである。

関連性に関する異議を申し立てる場合は、どのような事実をどのような立証のために尋問しているのかを意識し、的確な異議理由を述べなければならない。

同じことは、弁護人の主尋問にも当てはまる。立証趣旨を限定し過ぎることにより、

検察官から「立証趣旨を外れた関連性のない尋問だ」との異議を招かないような注意が必要であるし、異議が出た場合に、「必要な情状事実である」との的確な意見を述べる心づもりもしておきたい。

(2) 具体例－電車内での痴漢事件で犯人性が争点となっているケース－

> 検察官　あなたには、アダルトビデオを見る趣味があるんじゃないんですか。
> 被告人　見たことがないわけではありませんが、趣味というほどのことはありません。
> 検察官　あなたの自宅のパソコンには、痴漢を題材にしたアダルト動画ファイルが保存されていませんか。
> 弁護人　異議があります。関連性がありません。検察官は、その動画ファイルの内容について、一般的に「痴漢を題材とした」としか述べておらず、その程度の事実では、罪体との法的関連性がありません。仮に、自宅のパソコンに痴漢のアダルトビデオの動画ファイルが保存されているとしても、そのパソコンの所有者が実際に痴漢行為に及ぶこととの関係が科学的に立証されているわけではない以上、そのような事実の有無を法廷に顕出することは事実認定を誤らせるおそれがあります。
> 裁判長　検察官は質問を変えてください。

2　主尋問における誘導尋問（規則199条の3第3項）
(1) 意義

　主尋問（再主尋問を含む）では、原則として誘導尋問は許されない（規則199条の3第3項本文。再主尋問につき、規則199条の7第2項）。誘導尋問とは、尋問者が希望しまたは期待している答えを暗示する質問をいう（法曹会編『刑事訴訟規則逐条説明－第2編第3章－公判』〔法曹会、1989年〕97頁）。

　多くの場合、「はい」か「いいえ」で答えられる尋問である。他方で、「はい」か「いいえ」で答えられない尋問であっても、尋問者の話し方や強調の仕方、態度から、尋問者が欲している答えが暗示されている場合、質問の前提となる説明が非常に長く、それを聞くことで実質的に一定の答えが暗示されているような場合は、誘導尋問にあたる。

　証人は、体験した事実に関する記憶をありのままに証言することを求められている。主尋問における誘導尋問が原則として禁止されるのは、誘導尋問が、証人に記憶と異なり、かつ、立証者たる尋問者が期待する証言を導くことになり、誤った事実認定を導く

危険があるからである。

　弁護人は、誘導尋問に対して、躊躇せずに異議を申し立てるべきである。争いのない事実であっても、証人がきちんと記憶しているかどうかは、証人の信用性に関わる重要なポイントなので、誘導尋問が当然に許されるわけではないことは意識しておくべきである。誘導尋問を使わない尋問を検察官にさせることにより、証人が公判廷では調書と異なる供述をすれば、自己矛盾供述も浮かび上がることになる。

　主尋問であっても、例外的に誘導尋問が許される場合がある（規則199条の３第３項１号ないし７号）。しかし、許される誘導尋問であっても、証言に不当な影響を及ぼすおそれのある方法を避けるように注意しなければならないし（同条４項）、裁判長は不相当な誘導尋問を制限することができる（同条５項）。したがって、誘導尋問が不相当であれば異議の対象となる。

　検察官の主尋問で証人が「覚えていない」と言うと、検察官が、検察官調書をなぞるかのごとく誘導尋問を続ける場合もないわけではない。弁護人は、遠慮なく、適切に異議を申し立てるべきである。

(2)　具体例

検察官　あなたは、何のためにＶさんを事務所に呼び出したのですか。
証　人　借用証を書かせるためです。
検察官　他にはありませんか。
証　人　他に、ですか……。
検察官　Ａと一緒に脅してでも書かせようというつもりはありませんでしたか。
弁護人　異議があります。誘導です。

　誘導尋問には、尋問者の期待する答えが含まれているから、出てしまっては遅い。仮に異議が認められても、このあと、「借用証を書かせるにあたって、どういう気持ちでいましたか」と聞けば、落ち着いた証人であれば「Ａと一緒に脅してでも書かせようというつもりでした」と答えてしまうであろう。検察官に核心的な場面で誘導尋問することを躊躇させるためには、核心に入る前段階から、誘導尋問に対する適切な異議を申し立てておき、誘導尋問を見逃さない弁護人であることを示しておく必要がある（そもそもこうした誘導尋問をさせないための方法として、本章第１の５(2)イ「早めの異議」〔９頁〕を参照されたい）。

3 不相当な誘導尋問（規則199条の3第5項）

(1) 意義

　主尋問では、誘導尋問は原則として許されないが、規則の定める一定の場合には、例外的に誘導尋問が許される（規則199条の3第3項1号ないし7号）。しかし、許される誘導尋問であっても、証言に不当な影響を及ぼすおそれのある方法を避けるように注意しなければならないし（同条4項）、裁判長は不相当な誘導尋問を制限することができる（同条5項）。したがって、不相当な誘導尋問に対しては、異議を申し立てなければならない。

(2) 具体例

〔例①〕

検察官　そのとき、犯人は、あなたから見てどこに立っていましたか。

証　人　はっきり覚えていません。

検察官　あなたの警察官調書には右側に立っていたという記載があるんだけど、そうではないんですか。

弁護人　異議があります。誘導尋問です。

検察官　記憶喚起のための誘導です。

弁護人　供述調書の記載内容を引用して誘導することは、証人の証言に不当な影響を与えるものであり、規則199条の3第4項に照らし、不相当な誘導尋問です。

裁判長　検察官は質問の仕方を変えてください。

〔例②〕

検察官　そのとき、犯人は、あなたから見てどこに立っていましたか。

証　人　はっきり覚えていません。

検察官　あなたの平成○年○月○日付警察官調書には、こう書いてあるんです。「そのとき犯人は、私から見ると、右側に立っていたことは間違いありません」。ここに書いてあるとおりですか。

弁護人　異議があります。誘導尋問です。

検察官　記憶喚起のための誘導尋問です。規則199条の11第1項は、供述を録取した書面を示すことは禁じていますが、朗読することまでは禁止していません。

弁護人　規則199条の11第1項の括弧書きの趣旨は、供述調書の内容を証人に知らしめることで、記憶に基づかない証言をさせることを避けるためであり、

> 示そうが示すまいが、供述調書を朗読することは不相当であることに変わりありません。規則199条の3第4項に照らして不相当な誘導尋問であることは明らかです。
>
> 裁判長　検察官は、調書の記載を前提とせずに聞いてください。

4　誤導尋問（規則199条の3第3項・5項）

(1)　意義

　争いのある事実または未だ供述に現れていない事実を存在するものと前提し、もしくは仮定してする尋問を誤導尋問という（法曹会編『刑事訴訟規則逐条説明－第2編第3章－公判』98頁）。誤導尋問は、真実究明という目的に資することがないうえ、証人を誤解させあるいは混乱させて、自己の記憶に忠実に証言するということの妨げになるので、絶対に禁止されている（竹沢哲夫ほか編『刑事弁護の技術（上）』〔第一法規出版、1994年〕336頁）。

　なお、未だ供述に現れていない事実を存在するものと前提して尋ねる場合について、「証言の基礎がない」という異議理由を述べる場合もある。

(2)　具体例

> 〔主尋問〕
>
> 弁護人　そのときあなたが見た犯人の服装は、どんな色でしたか。
> 証　人　赤かピンクのような赤っぽい色をしていました。

> 〔反対尋問〕
>
> 検察官　犯人の服装は赤色とおっしゃいましたね。
> 弁護人　異議があります。誤導です。証人は主尋問では赤かピンクのような赤っぽい色としか証言していません。
> 検察官　では、聞き直します。犯人の服装は赤かピンクのような赤っぽい色と証言しましたね。

　検察官から誤導の異議を出された場合、誤導であることが確認できれば、あっさりと撤回しなければならない。そもそも、誤導の異議を出されないように、主尋問のメモは正確にとり、尋問に際しては、正確に再現できるように注意を払うべきである。

5　要約不適切な尋問（規則199条の3第3項・5項）

(1)　意義

　尋問の前提として、証人のそれ以前の証言や証拠の内容を要約することがある。その要約が不正確である場合も、誤導尋問の一種であるから、すかさず異議を申し立てなければならない。検察官が、少しずつ要約をずらし、いつの間にか証言を検察官の意向に沿った答えに導いていく場合に弁護人は注意しなければならない。

　他方で、弁護人が不適切に要約したうえで尋問をすると、検察官は誤導の異議を申し立ててくる。実際に要約不適切であればあっさり撤退すべきであるが、このようなことにならないよう、尋問のメモは正確にとるように普段から注意しておく必要がある。

(2)　具体例

```
検察官　そのときのAさんは、どんな様子でしたか。
証　人　かなり疲れ切った様子でした。
検察官　あなたは、Aさんのそのような様子を見て、理由は何だと思いましたか。
証　人　何かBさんから責められたのではないかと思いました。
検察官　要するに、Aさんは、責められて落ち込んでいたということですか。
弁護人　異議。要約不適切な尋問です。証人は、Aさんが疲れ切った様子だったこと、
　　　　責められたのではないかと思ったということを証言しただけで、Aさんが、
　　　　責められて落ち込んでいたという証言はしておりません。
裁判長　異議を認めます。検察官は正確に聞き直してください。
```

6　前提誤認の尋問（規則199条の3第3項・5項）

(1)　意義

　前提誤認の尋問も誤導尋問の一種である。誤導尋問は、真実究明および自己の記憶に忠実な証言をするという趣旨から絶対に禁止される。誤った前提に基づいて質問をすることは、その趣旨の実現を著しく妨げるものである。

(2)　具体例

```
検察官　あなたは、Aさんの顔を見たというのですね。
証　人　はい。
検察官　まわりには街灯はなかったんですよね。
```

```
証　人　はい。
検察官　時間は午後6時過ぎで、日も暮れていて、暗くて見えなかったのではない
　　　　ですか。
弁護人　異議があります。甲○号証によれば、その日の日没は午後7時○○分で、
　　　　日が暮れていたというのは前提を誤っています。
裁判長　異議を認めます。検察官は聞き直してください。
```

7　反対尋問の範囲外（規則199条の4第1項）

(1)　意義

　反対尋問は、①主尋問に現れた事項、および②これに関連する事項、ならびに③証人の供述の証明力を争うために必要な事項について行う（規則199条の4第1項）。

　上記②の「関連する事項」の範囲は、反対尋問の性質上、主尋問の場合におけるよりも多少緩やかに解される。例えば、その時点で関連性が必ずしも明らかではなくても、後に尋問する事項や弾劾証拠との関係で、最終的に関連性が明らかにされる場合などである。

　上記③の証人の証明力を争うために必要な事項とは、証人の観察・記憶または表現の正確性等証言の信用性に関する事項および証人の利害関係、偏見・予断等証人の信用性に関する事項である（規則199条の6）。

(2)　具体例

```
検察官　被告人は、犯行当日に、家を出る前、どのような様子でしたか。
弁護人　異議があります。証人は、情状証人として、主尋問で、被告人の反省状況や
　　　　今後の監督状況について証言しました。ただいまの検察官の尋問は、反対
　　　　尋問の範囲を超えています。
裁判長　質問を変えてください。
```

(3)　検察官の異議への対応

　弁護人の反対尋問の際、検察官からの異議でよくみられるのがこの異議である。

　検察官から、「反対尋問の範囲外」（「主尋問の範囲外」という言い方がされることがあるが不正確である）との異議が申し立てられた場合は、尋問が、主尋問に現れた事項なのか、関連性のある事項なのか、証明力を争うための事項なのかを明確にして意見を述

べる必要がある。

　反対尋問では、証人に対し核心部分を聞く前に、周辺の事実や前提をある程度固める必要がある場合もあり、主尋問には現れず、直接の関連性もないような尋問については、「証人の供述の証明力を争うために必要な事項である」などの意見を述べることになる。

　証人の供述の証明力を争うために必要な事項の尋問については、規則199条の6で、証言の信用性に関する事項と証人の信用性に関する事項とに分けて規定されている。

　証言の信用性に関する事項としては、
　① 証人が観察する能力と機会は十分であったか
　② 証人の記憶に誤りはないか
　③ 他人から聞いたことを自分が経験したもののように思い違いをしているのではないか
　④ 後に再構成した部分があるのではないか
　⑤ 記憶にあるとおりを正直に述べているか
　⑥ 過大または過小に述べているのではないか
　⑦ 証人が使用した言葉は意図するところを適切に言い表しているか
　⑧ ある言葉を通常の用法と異なった特殊な意味に用いてはいないか
等が挙げられる。

　また、証人の信用性に関する事項としては、
　① 証人が被告人と身分上、社会生活上特に緊密な関係にないか
　② 思想的あるいは政治的立場から被告人に敵意を持っていないか
　③ 警察等に対し強い反感を抱いていないか
　④ 新聞報道・風評等から被告人を犯人と思い込んでいないか
等が挙げられる（法曹会編『刑事訴訟規則逐条説明－第2編第3章－公判』103頁）。

〔例〕
弁護人　あなたは被告人から損害賠償請求訴訟を起こされていますね。
検察官　異議があります。反対尋問の範囲外です。
弁護人　これは証人の偏見を示すための尋問で、証人の信用性に関する事項です。規則199条の4第1項および規則199条の6が定める反対尋問の範囲内の尋問です。
裁判長　異議を棄却します。

(4) 反対尋問の機会における新たな事項の尋問

　反対尋問の範囲外の事項でも、裁判長の許可を受けたときは、反対尋問の機会に、反

対尋問者の主張を支持する新たな事項について聞くことができる（規則199条の5第1項）。

新たな事項についての尋問は、主尋問とみなされる（規則199条の5第2項）。したがって、その尋問においては、原則として誘導尋問が禁止され、また本来の主尋問者は、再主尋問の機会に当該事項について反対尋問することができる。

8　再主尋問の範囲外（規則199条の7第1項）

再主尋問は、反対尋問に現れた事項およびこれに関連する事項について行う（規則199条の7第1項）。再主尋問については主尋問の例によるとされる（規則199条の7第2項）。

また、規則199条の5の規定が準用されており（規則199条の7第3項）、再主尋問の機会に主尋問で聞き落とした事項等を尋問する場合には、裁判長の許可を要する。また、その事項については相手方が反対尋問を行うことができる。

9　書面、物などを示してする尋問（規則199条の10、同199条の11、同199条の12）

(1)　総論

一定の場合には書面や物を示して尋問することができる。

しかし、書面や物を証人に示すことは、それ自体が証人への誘導として機能するおそれが強いので、この点に十分な注意が必要である。

規則上、書面や物を示したり、利用したりする尋問に関する規定は次の3つである。

① 書面または物に関しその成立、同一性その他これに準じる事項について必要がある場合（規則199条の10）
② 記憶を喚起するために必要がある場合（規則199条の11）
③ 証人の供述を明確にするため必要がある場合（規則199条の12）

書面や物が証拠調べを終わったものでないときは、あらかじめ、相手方にこれを閲覧する機会を与えなければならない（規則199条の10第2項。規則199条の11第3項および規則199条の12第2項で準用）。

以下、これらについて、それぞれ異議を申し立てるべき場合を検討する。

なお、これらの規定の意味や利用方法一般は、日本弁護士連合会編『法廷弁護技術〔第2版〕』（日本評論社、2009年）171頁に詳しいので、一読を薦める。

(2)　規則199条の10

ア　意義

規則199条の10第1項は、「訴訟関係人は、書面又は物に関しその成立、同一性その他

これに準ずる事項について証人を尋問する場合において必要があるときは、その書面又は物を示すことができる」と規定する。

この類型で注意するべきは、書面等を示すことが、それ自体誘導となっていないかである。

主尋問において誘導尋問が許されないとの原則は、本条の場合にも妥当する。本条が書面等の提示を許容しているのは、あくまでも証人の供述に不当な影響を与えない限度においてである。典型的には、物の同一性を質問する際に、事前に物の特徴を供述させていないケースなどが異議の対象になる。

イ　具体例－ナイフの関連性を争っているケース－

> 検察官　そのときのＡさんはどんな様子でしたか。
> 証　人　ナイフを持って襲いかかってきました。
> 検察官　証拠調べ済みの甲第4号証、ナイフを示します。
> 弁護人　異議があります。証人はナイフの特徴について一切証言しておりません。直ちにナイフを示すことは誘導にあたります。
> 裁判長　異議を認めます。

証人はナイフの特徴について一切供述していないので、この時点では証人の記憶しているナイフがどのようなものであるかが明確ではない。それにもかかわらず直ちにナイフを示して質問すると、証人が目の前にあるナイフに合わせて供述する結果を招くおそれがある。例えば、証人の記憶では10センチ程度のナイフだったとしても、20センチ程度のナイフを示して「これですか？」と聞かれれば「はい」と答えるだろう。これは誘導であると同時に、その長さについての記憶の齟齬も法廷には現れない結果となる。

正しくは以下のように質問されるべきである。

> 検察官　そのときのＡさんはどんな様子でしたか。
> 証　人　ナイフを持って襲いかかってきました。
> 検察官　Ａさんが持っていたナイフの色は？
> 証　人　銀色です。取手部分が茶色でした。
> 検察官　長さは何センチですか。
> 証　人　刃の長さは10センチくらい、柄の長さは5センチくらいでした。
> 検察官　ナイフにはどんな特徴がありますか。
> 証　人　柄は握りやすいようにでこぼこしていました。

> 検察官　証拠調べ済みの甲第4号証、ナイフを示します。これは何ですか。
> 証　人　事件のときに見たナイフに間違いありません。

(3) 規則199条の11

ア　意義

　規則199条の11第1項は、記憶喚起のために「必要があるときは、裁判長の許可を受けて、書面……又は物を示して尋問することができる」と定める。もっとも、規則199条の11第1項には例外があり、「供述を録取した書面」については、記憶喚起のために証人に示すことができる書面から除外されている。

イ　書面などを示す手順

　同条に基づいて書面などを示す正しい手順は次のとおりである。
　① 記憶がないことを確認する。
　② 何によって記憶が喚起されるかを聞く。
　③ 記憶喚起できると証言した物を示す。
　④ 記憶が喚起されたことを確認する。
　⑤ 示したものを取り除く。
　⑥ 喚起された記憶に基づき証言を求める。

　このような手順は同条の趣旨から導かれる。というのも、同条は記憶「喚起」の規定である。これは「証人は記憶に基づいて証言する」という枠組みを守ることは前提に、ただ記憶を復活させる手助けを許したのみである。証人はあくまでもその甦ったところの「記憶」に基づいて証言をするのであり、示された書面の内容をそのまま述べることが許されているのではない（それでは書面自体を証拠としたのと同じことになる）。特に、示したものを取り除かないまま次の尋問がなされることはしばしばあるので、注意を要する。

ウ　具体例

> 検察官　それからあなたはどうしました？
> 証　人　帰ろうとしたところ、いきなり殴られました。
> 検察官　誰に殴られたのですか。
> 証　人　紹介されたのですが……。名前が思い出せません。
> 検察官　思い出す方法はありませんか。
> 証　人　その日に作ったメモがあるので、それを見れば思い出せると思います。

検察官	証人の記憶を喚起するために、証人作成のメモを示します。
裁判長	弁護人ご意見は？
弁護人	異議ありません。
検察官	この紙は何ですか。
証　人	先ほど言ったメモです。
検察官	あなたを殴ったのは誰ですか。
弁護人	異議があります。メモを取り除いてください。証人が喚起された記憶ではなくメモに基づいて供述するおそれがあり、誘導にあたります。
裁判長	異議を認めます。検察官は、メモを取り除いてから質問してください。

(4) 規則199条の12
ア　意義

　規則199条の12第1項は、「証人の供述を明確にするため必要があるときは、裁判長の許可を受けて、図面、写真、模型、装置等を利用して尋問することができる」と定める。

　この類型においても注意するべきは、図面等の利用が、それ自体誘導となっていないかである。

イ　具体例

検察官	当時のあなたの部屋の様子を説明していただけますか。
証　人	部屋にはAとBとCと私がいました。部屋の床はごみが散らばっていました。テレビはつけっぱなしでした。テーブルには食べ残しが散らかっていました。
検察官	そのとき、Aさんはどこにいたのですか。
証　人	部屋の真ん中あたりの、Bの隣です。
検察官	証人の供述を明確にするため、弁護人に開示済みの実況見分調書添付の見取図を示すことの許可を求めます。
裁判長	弁護人、意見は？
弁護人	異議があります。検察官が示そうとしている見取図には関係者の位置関係についての指示説明が記載されており、誘導にあたります。
裁判長	異議を認めます。検察官、指示説明のない図面はありませんか。

　図面に記号等の余分な情報が書き込まれている場合は、証人に対して不当な影響を与

えうる。例えば、記号の書き込まれた図面を示されたことで、記憶と違う証言を導いてしまう危険がある。これは言語こそ用いていないものの、明らかな誘導の効果を生じている。異議の理由ではこの点を指摘する。

なお、規則199条の12は、示すこと自体に「裁判長の許可」が必要なので、弁護人はこれに対する意見として異議を申し立てることになる。

10 個別的でない尋問、具体的でない尋問（規則199条の13第1項）

(1) 意義

複合的な尋問は、問いと答えの対応関係を曖昧にする。また、抽象的な尋問は、尋問の趣旨が不明確になりやすい。これらの尋問は、証人が尋問者の問いの趣旨を理解できず、結果的に記憶と異なる証言をするおそれがある。また、裁判員・裁判官にとっても、証言内容や尋問の趣旨を把握しづらい。

したがって、できる限り、個別的かつ具体的な尋問による必要がある。仮に、検察官の尋問が複合的であったり、抽象的であったりして、証人（被告人）が答えにくそうにしていた場合や、裁判員・裁判官に誤解が生じそうな場合は、異議を申し立て、個別的・具体的な質問に変えるように意見を述べるべきである。

(2) 具体例

〔例①〕
検察官 あなたはそのとき何を見て、被告人とあなたはどういう話をしましたか。
弁護人 異議があります。個別的でない尋問です。

〔例②〕
検察官 事件の日はどんな一日でしたか。
弁護人 異議があります。具体的でない尋問です。

11 威嚇的な尋問、侮辱的な尋問（規則199条の13第2項1号）

威嚇的、侮辱的な尋問は許されない（規則199条の13第2項1号）。裁判員・裁判官や証人の尋問者に対する無用な反感を招くだけであり、そのような尋問に意味はない。

検察官が、弁護側証人や被告人に対して、威嚇的あるいは侮辱的な尋問を行う場合、証人が尋問者の勢いに飲まれてあらぬ証言をしたり、冷静に証言をできなくなったりする危険があるので、直ちに異議を申し立てるべきである。

12　重複尋問（規則199条の13第2項2号）

⑴　意義

　重複尋問は、訴訟手続を遅延させるため、原則として許されない（規則199条の13第2項2号）。また、重複尋問によって、尋問者が求める答えに強引に導き、証言が歪められるおそれもある。したがって、重複尋問に対しては、直ちに異議を申し立てるべきである。

　もっとも、重複尋問は、正当な理由がある場合に限り許される（規則199条の13第2項但書き）。①反対尋問においても、重要性が高い事項について、弾劾の前提として、最初の供述を維持していることを確認するため特に必要がある場合、②証人の記憶を喚起するために重ねて質問する場合等が考えられる。

⑵　具体例

```
検察官　被告人は、あなたに対して、どのように声をかけたのですか。
証　人　盗んであげようか、と。
検察官　捜査段階でも同じことを聞かれましたね。どのように答えましたか。
証　人　同じ答えだと思いますが……。
検察官　捜査段階では違うことを言っているのですが、被告人は何と言ったか、わかりませんか。
証　人　盗んであげようか、だと思います。
検察官　もう一度、よく思い出してください。何と言ったか思い出せませんか。
弁護人　異議があります。重複です。証人はすでに答えています。
```

⑶　検察官に異議を出されたときの対応の具体例

　検察官の異議に対しては、重複尋問に正当な理由があることを述べる。

```
弁護人　あなたは、先ほど、被告人から脅されたと証言しましたね。
証　人　はい。
弁護人　その言葉をもう一度話してください。
検察官　異議があります。重複です。
弁護人　記憶の正確性を確認するためなので、正当な理由があります。
裁判長　異議を棄却します。証人は答えてください。
```

13　意見を求める尋問（規則199条の13第2項3号、法156条）

(1)　意義

　証人は自己が直接経験した事実を証言する。自己の経験しない事実、評価、判断を証言することは許されないのが原則である（規則199条の13第2項3号・4号）。その根拠として、①事実の評価・判断は裁判所が行うべきものであること、②偏見や予断を生じさせること、③単なる意見に対して反対尋問をすることができないこと、が挙げられる。

　法156条はこの例外として、証人が「実験した事実により推測した事項」を証言することを認める。この推測は、証人自身が体験した事実を根拠とする必要がある。根拠に体験事実がない意見は単なる想像であり、許容されない。

　推測を証言する際には、その推測の根拠となる体験事実が、具体的に証言される必要がある。「推測の基礎となる体験事実がある程度の具体性をもって明らかにされる必要があり、推測の信用性に相当な関連があると認められる程度に推測の根拠が述べられれば足りる」とされる（河上和雄ほか編『大コンメンタール刑事訴訟法〔第2版〕3巻』〔青林書院、2010年〕186頁）。根拠となる体験事実を証言しないまま、推測のみを述べることは許されない。

　なお、物の大きさ、同一性の判断、速さ、明るさなどの価値概念については、許容される。人間がこれらの事項を知覚する際には、評価・判断が一体となっているので、厳密な事実として証言することができないからである。

(2)　具体例

―〔例①〕推測の基礎となる事実が供述されていないケース―

検察官	被告人と初めて会ったとき、何を話しましたか。
証　人	自己紹介などをされました。何の仕事しているとか、私の仕事のこととかも聞かれました。
検察官	ほかにどんなことを話したんですか。
証　人	だいたい世間話のようなことでした。このときは私は被告人のことも信用していたんですが、今から思えば被告人は私をだますつもりでいたんだと思います。
弁護人	異議があります。ただ今の「被告人は私をだますつもりでいた」という証言は、意見を述べるものです。証拠排除決定を求めます。
検察官	体験した事実に基づく推測を述べたものであり、許容される証言です。
弁護人	証人の証言は具体的根拠が何ら示されておらず、単なる感想です。法156条によっても許容されません。

次に、被告人の殺意が争われている事案で、被告人と被害者が別室でもめている物音を聞いた証人の尋問の例を挙げる。

―〔例②〕推測の基礎となる事実が供述されていないケース――――――――――

検察官	あなたはどこにいましたか。
証　人	室内にいました。
検察官	隣の部屋には誰かいましたか。
証　人	被告人と被害者がいました。
検察官	何か気がついたことがありますか。
証　人	隣の部屋で何か争うような物音が聞こえてきました。
検察官	何が行われていたと思いますか。
弁護人	異議があります。検察官の質問は意見を求めるものです。
検察官	証人の体験をもとに推測を求める質問であり、法156条によって許容されます。
弁護人	ただ今の証人の供述は単に「何か争うような物音」と述べたのみであって、推測の基礎たる前提事実を欠いています。前提事実の質問を先行させてください。
裁判長	異議を認めます。質問を変えてください。
検察官	質問を変えます。どんな物音でしたか

推測事項を供述するためには、その前提となる事実が、先行して供述されている必要があると解されている（河上和雄ほか編『大コンメンタール刑事訴訟法〔第2版〕3巻』）。これはそれが不足している場合である。したがって異議の理由においては、その点を端的に指摘することになる。

―〔例③〕推測不可能な事実（例②の続き）―――――――――――――――――

検察官	どんな物音でしたか。
証　人	ガタガタという家具が動くような音と、足音、あと悲鳴が聞こえてきました。
検察官	足音はどういう足音ですか。
証　人	体重が乗った、ドンドンという荒い音でした。
検察官	悲鳴というのはどういう声でしたか。
証　人	被害者が「キャー」という声を出していました。叫ぶような声でした。
検察官	その後あなたは何をしましたか。
証　人	ふすまを開けると被告人が被害者に馬乗りになっていました。
検察官	あなたは何があったと思いますか（許される推測事項）。

証　人	何かもめているのだと思いました。
検察官	もう少し詳しく言ってもらえますか。
証　人	被告人とが被害者が何かもつれるような状態になって、それで被害者に何かしたのだと思いました。
検察官	2人の間でそれ以前にどういうやりとりがあったと思いますか。
弁護人	異議。意見を求める尋問です。
検察官	推測事項の供述を求めるものであり、法156条によって許容されます。
弁護人	ただ今証人が証言した事項は物音を聞いたということだけです。それ以前の両者の間のやりとりは、そこから推測することが可能な事実ではありません。
裁判長	異議を認めます。質問を変えてください。

　推測が不可能なことを推測しているという類型である。上記のように、詳細な物音を聞いた者であれば、物音の様子から当事者の様子をある程度推測することは可能であり、その推測過程は一応合理的である。それに対して、それ以前に当事者の間であったやりとりは、その物音との関係に乏しく、物音から推測できる事柄ではない（推測の基礎となる体験事実を欠いているとも表現できる）。異議を申し立てる際には、その点を端的に指摘する。

14　議論にわたる尋問（規則199条の13第2項3号）

(1)　意義
　議論にわたる尋問をすることは原則として許されない。証人は、知覚した記憶を法廷で証言する立場であり、議論をしても無意味だからである。ただし、正当な理由がある場合は認められる（規則199条の13第2項但書き）。

(2)　具体例

検察官	あなたの話では、被害者のカバンの本体をつかんだということでしたか。
被告人	そうです。
検察官	持ち手をつかむほうが簡単なのではないですか。
弁護人	異議があります。議論にわたる尋問です。
検察官	被告人の認識を聞いております。
弁護人	持ち手をつかむほうが簡単かどうかというのは評価の問題です。認識を聞くものではなく、議論にわたります。

| 裁判長 | 質問を変えてください。 |

15 証人が直接経験しなかった事実についての尋問（規則199条の13第2項4号）
(1) 意義
　証人が直接経験しなかった事項についての尋問は原則として許されない（規則199条の13第2項4号）。証人は、人が五感の作用で経験した事実を事実認定者に直接に言語的手段で報告する者である。その性質上、証人に経験した事実以外を報告するよう求める質問は許されない。意見を求める尋問や議論にわたる尋問の異議と同時に異議理由に挙げられることも多い。

　ただし、正当な理由がある場合は認められる（規則199条の13第2項但書き）。例えば、反対尋問において、供述の証明力を争う場合が考えられる。具体的には、証人が知覚していない事実を聞くことで、証言の信用性を弾劾する場合である。

(2) 具体例

〔例①〕

検察官	そのとき、被告人はどうしたのですか。
証　人	私のほうに向かってすごい形相で走ってきました。
検察官	被告人はなぜ走ってきたのでしょうか。
弁護人	異議があります。被告人が走ってきた理由を証人に尋ねることは、証人が直接経験しなかった事実についての尋問であり、意見を求める尋問です。
裁判長	質問を変えてください。

〔例②〕

検察官	では、あなたが犯行を目撃したときの被告人の姿勢をこの模擬のナイフを用いて再現してもらえますか。
弁護人	異議があります。直接経験していないものをも再現させようとするものであり、誤導にあたります。
検察官	証人の供述を明確にする（規則199条の12）ための再現だと思うのですが。
弁護人	証人は、被告人の後ろから犯行を目撃したと証言しました。証人は、顔を含めた被告人の身体の前面を見ていません。証人が再現できるのは、後ろから見えた様子だけであり、証人が実際に見ていない場面を再現させるものです。よって、誤導尋問です。

16　その他の違法な尋問に対する異議

　刑事訴訟規則の定める尋問の方法に反する異議の申立以外にも、違法な尋問に対しては異議を申し立てなければならない。

　以下、伝聞供述を求める尋問、黙秘権を侵害する尋問、秘密交通権を侵害する尋問に対する異議について解説する。

⑴　伝聞供述を求める尋問（法320条１項）

ア　意義

　伝聞供述には原則として証拠能力が認められない（法320条１項）。伝聞供述とは、公判期日外における他の者の供述を内容とする供述である。供述証拠は、知覚・記憶・表現・叙述という過程を経るので誤りが各過程に入り込む危険がある。各過程に誤りがないかどうかを原供述者本人に確かめないと、事実認定を誤らせる危険がある。そのため、伝聞供述には原則として証拠能力が認められないのである。ただし、法廷における供述は、法324条に規定された要件を備えた場合のみ証拠能力が付与される。

　伝聞供述にあたるかどうかは、要証事実が何かとの関係で判断される。例えば、証人Ａが「Ｘから、『被告人が友人を殴るのを見た』という話を聞きました」と証言した場合、２通りの要証事実が考えられる。１つは、「被告人が友人を殴ったこと」を要証事実とする場合、もう１つは、被告人が真実友人を殴ったかではなく、「Ｘが『被告人が友人を殴るのを見た』と言ったこと」を要証事実とする場合である。「被告人が友人を殴った」という事実が要証事実の場合には、証人Ａではなく、被告人が友人を殴る場面を実際に見た原供述者Ｘ本人にそれが真実かどうかを確かめる必要性があるから、伝聞供述にあたる。しかし、「Ｘが『被告人が友人を殴るのを見た』と言ったこと」が要証事実である場合には、その必要はなく伝聞供述ではない。

　以上を前提に、異議申立の具体例を検討する。

イ　具体例

検察官	Ａさん、あなたはＸさんから被告人が何をしたと聞きましたか。
弁護人	異議があります。伝聞供述を求める尋問です。
検察官	証人が聞いたという事実自体を立証しようとするものであり、伝聞供述ではありません。
弁護人	検察官の述べた要証事実を前提としても異議があります。証人が聞いた事実自体を質問するのであれば、関連性がありません。証人がその事実を聞

> いたということ自体は、本件公訴事実に対して何の証明力もありません。
> 裁判長　異議を認めます。検察官は質問を変えてください。

　検察官の質問が伝聞供述を求める趣旨であれば、伝聞法則によって許容されない。

　しかし、伝聞供述にあたるという異議を申し立てた場合、検察官は、「聞いたという事実そのものを立証するための質問である」という反論をする場合がある。その場合、聞いたという事実そのものを立証することが公訴事実の立証のために意味があるのか、すなわち、関連性の有無が問題となる。つまり、「Xが証人Aに対して目撃内容を語った」という事実自体によって、被告人が殴ったことを推認できるのかということである。通常、これは否定されるであろう。したがって、「Aが聞いたという事実」には関連性がなく、異議申立の対象となる。

　なお、「聞いたという事実」を要証事実とする場合であっても、関連性が肯定される場合がある。典型的にはその発言を聞いたことが、次の行動の契機となっている場合である。例えば、上記の具体例で、証人AがXの言葉を聞いたことをきっかけに被告人の様子を見に行き、被告人の拳が赤く腫れ上がっているのを見ており、それを被告人が殴ったことの間接事実として立証しようとする場合である。この場合には、証人AがXの言葉を聞いたこと自体が、被告人の様子を見に行くという行動のきっかけになっているから関連性が認められる。

(2) 黙秘権を侵害する尋問に対する異議（憲法38条1項、法311条1項）

ア　意義

　被告人には黙秘権が保障される（憲法38条1項）。被告人は、終始沈黙し、または個々の質問に対し、供述を拒むことができる（法311条1項）。被告人が供述を拒む場合、「黙秘します」などと述べて積極的に供述を拒否することを明らかにしてもよいし、単に沈黙していてもよい。黙秘の理由を説明する必要もない。被告人が黙秘権を行使した場合、これを事実認定において不利益に考慮してはならない。

　被告人が黙秘権を行使しているにもかかわらず、検察官が執拗に尋問を続けることがある。そのような場合には、黙秘権を侵害する尋問にあたるとして、異議を申し立てるべきである。

イ　具体例

> 検察官　被害者をナイフで刺したのはあなたですね。
> 被告人　……。

```
検察官　答えられないのですか。被害者をナイフで刺したのはあなたですよね。
被告人　黙秘します。
検察官　なぜ黙秘するんですか。
被告人　……。
検察官　理由すら言えないのですか。Ａさんをナイフで刺したんでしょう。
弁護人　異議があります。黙秘権を侵害する尋問です。
```

(3) 秘密交通権を侵害する尋問に対する異議（法39条１項、憲法34条前段、同37条３項）

ア　意義

　被疑者・被告人は、弁護人との接見交通の内容についての秘密を保障される（法39条１項。秘密交通権）。被疑者・被告人は、弁護人から有効・適切な弁護を受ける権利を保障されており（憲法34条前段、同37条３項）、秘密交通権はその前提になる極めて重要な権利である。

　接見においては、被疑者・被告人が、弁護人に十分な情報を提供し、それに対して弁護人が有効・適切な助言をする。被疑者・被告人と弁護人との間の自由なコミュニケーションが必要不可欠である。接見交通の内容が捜査機関などに知られることがあっては、接見交通に萎縮効果が生じ、被疑者・被告人と弁護人との自由なコミュニケーションが阻害される。そうすると被疑者・被告人は、有効・適切な弁護を受けることができなくなってしまう。

　よって、接見中に第三者を立ち会わせたり、接見の内容を録音したり、事前に接見交通の内容を検査したり、事後に接見交通の内容を報告させたりすることが、秘密交通権を侵害し許されないことはもちろん、法廷において検察官が接見の内容を尋ねることは許されない。

イ　具体例

```
検察官　逮捕された日、○○警察署で弁護人と接見しましたね。
被告人　はい。
検察官　弁護人と初めての接見でしたね。
被告人　そうですね。
検察官　接見の時間は１時間くらいでしたね。
被告人　だいたいそんなものだったと思います。
検察官　事件の話をしましたね。
```

被告人　はい。
検察官　その際、あなたは弁護人に犯行現場にいたと話していませんか。
弁護人　異議があります。秘密交通権を侵害する尋問です。

17　補充尋問に対する異議

(1)　意義

　刑事訴訟法上、裁判官が行う尋問には2種類ある。1つは、検察官および弁護人による尋問が行われた後に行われる補充尋問である（規則199条の8、法304条1項・3項）。もう1つは、裁判長ないし陪席の裁判官が、当事者による尋問中に、当事者の尋問を遮って、自ら当該事項について尋問する介入尋問である（規則201条1項）。

　裁判所のする尋問の方式については法律上規定がない。しかし、裁判所の尋問に対しても異議は許される（法曹会編『刑事訴訟規則逐条説明－第2編第3章－公判』105頁）。法309条1項も、異議の対象を限定していない。裁判官であっても、誘導等、誤った心証を導く危険性のある尋問をする可能性は当事者と変わらないので、裁判所による尋問に対する異議が認められることは明白である。

　裁判所が、それまでの証言を曲解したり誤解したりしたまま補充尋問をした場合は、誤った事実に基づいた心証形成がなされる可能性があるから、誤導尋問として異議を申し立てるべきである。

　また、裁判員裁判の場合、裁判官が、事実を聞くのではなく、心証をあらわに、被告人の供述の不自然さを追及するかのごとくの質問をする場合は、それを聞いている裁判員が、裁判官の心証を事実上理解してしまい、裁判員個々人の心証形成に不当な影響を与えかねないから、そのような補充尋問にも異議を申し立てる必要がある。

　なお、裁判員が尋問する場合（裁判員法56条）にも異議は許される。

(2)　具体例

〔例①〕
裁判官　ところであなたは、被告人の職場の同僚ですか。
証　人　はい。
裁判官　同僚の不利になるようなことを言わなければならないのはつらいですか。
証　人　はい、とてもつらいです。
裁判官　つらいけれども、ここでは本当のことを話そうと思ったのですね。
弁護人　異議があります。誘導です。

〔例②〕

裁判官　店に入ったところは覚えていて、商品を盗んだのは覚えていないということですね。
被告人　はい。
裁判官　それはなぜですか。
被告人　わかりません。
裁判官　そのように記憶がまばらになるのは、私はまったく理解できないのですが。一連の行動のうち、その部分だけ覚えていないというのは、不自然だとは思いませんか。
弁護人　異議があります。裁判官が理解できない理由を被告人に尋ねており、議論にわたる尋問です。裁判官の心証を事実上明らかにしており、裁判員の心証形成にも不当な影響を与える不適切な尋問です。

第3章
その他の場面における異議

第1 冒頭手続

1 起訴状朗読の場面
(1) 裁判長が弁護人からの求釈明に応じない場合

　弁護人は、起訴状の記載について、裁判長に対し、釈明のための発問を求めることができる（規則208条3項）。裁判長には、弁護人の求めに応じて、求釈明をする法的義務はなく、その採否は裁量による。しかし、釈明の必要があるにもかかわらず釈明を求めない場合は、求釈明に応じないという不作為が裁判長の処分となる。許された裁量の範囲を超えた場合には規則208条1項の「必要性」の判断を誤った裁判長の処分として、法令に違反することになり、法309条2項に基づき異議を申し立てることになる。

　なお、その釈明事項が訴因の特定に必要不可欠なものなのに、その求釈明の求めに応じずその異議が却下ないし棄却された場合には、起訴状が法256条3項に反することを理由に公訴棄却の申立（法338条4号）を検討すべきこととなる。

―〔例〕――
弁護人　起訴状に対して……との釈明のための発問を求めます。
裁判長　求釈明はいたしません。
弁護人　異議があります。裁判長の求釈明の不行使は、裁量の範囲を著しく逸脱しており、規則208条1項の必要性の判断を誤った違法があります。

(2) 起訴状に余事記載がある場合

　予断排除の原則（法256条6項）から、予断を生じさせるような余事記載のある起訴状は許されない。そのような起訴状により公訴が提起された場合は、もはやその瑕疵は治癒されないため、公訴棄却の申立（法338条4号）をすることになる。

2 被告事件についての陳述（法291条3項）

　被告事件についての陳述とは、冒頭手続において、被告人および弁護人が、被告事件について述べる意見である。具体的には、事件の実体に関する主張、訴訟条件に関する

主張をいう。この機会に移送の請求（法19条）、弁論の分離・併合の請求（法313条1項）などの訴訟手続に関する請求や申立をすることもできる。一般には「罪状認否」と呼ばれている。法291条3項は「陳述する機会を与えなければならない」と規定しており、公訴事実に対して認否をしなければならないものではない。被告人および弁護人の権利であり義務ではない。

　被告人の意見陳述の際に、その趣旨が明らかでない場合に裁判長が、釈明権を行使することがある（規則208条1項）。このとき、裁判長が過度に詳細な質問をすることがある。このような質問は釈明権の行使の範囲を超える。冒頭手続における被告人の意見陳述は法311条の定める被告人質問ではない。いったん裁判長による詳細な質問に被告人が答えた場合、その供述が被告人に不利な事実認定に使われてしまう可能性がある。

　そこで、被告人の陳述内容を明確にするための釈明を超え、事件の中身に関わる詳細な質問が裁判長よりされる場合、その質問は、すでに被告人質問と解釈される。

　被告人質問の結果は判決の基礎となるもので、証拠調べ手続の一環である。証拠調べに入っていない冒頭手続で証拠調べがされることは法の予定していないところであり、法291条3項、規則208条1項、および証拠調べは冒頭手続が終わった後行うと規定する法292条に違反する。そこで、法309条2項に基づき異議申立をする。

〔例〕

弁護人　異議があります。被告事件についての陳述に際し詳細に質問することは法291条3項、法292条、規則208条1項に反し違法です。

第2　証拠調べ手続

1　検察官の冒頭陳述

(1) 心構え

　違法・不相当な検察官の冒頭陳述には、直ちに異議を申し立てなければならない。直ちに異議を申し立てなければ、時機に遅れたものまたは責問権の放棄として異議が認められない場合がある。

　検察官は、冒頭陳述を口頭で述べる前に、冒頭陳述の内容を記載した書面を裁判官・裁判員と弁護人に配付する。弁護人は、書面が配付されたら、すぐに全体に目を通す。違法・不相当な内容が記載してある場合には直ちに異議を申し立て、違法・不相当な内容が法廷に現れるのを阻止する。そして、配付された書面からその違法・不相当な内容を削除することを求める。

(2) 罪体の認定に予断を抱かせる内容の冒頭陳述

　法296条但書きは、「証拠とすることができず、又は証拠としてその取調を請求する意思のない資料に基いて、裁判所に事件について偏見又は予断を生ぜしめる虞のある事項を述べることはできない」と定めている。

　また、規則198条の3は、「情状に関する証拠の取調べは、できる限り、犯罪事実に関する証拠の取調べと区別して行うよう努めなければならない」と規定する。この規定は、罪体について争いのある事件について、予断を抱かせることを防ぐための規定である。

　そこで、罪体について争われている事件において、被告人の前科・前歴や悪性格などの罪体の認定に予断を抱かせる内容が述べられた場合、法296条但書きおよび規則198条の3の趣旨に違反するとして、法309条1項に基づき異議を申し立てる。

〔例〕
弁護人　異議があります。検察官の冒頭陳述の前科についての記載は予断を生ぜしめる内容であり、法296条但書きの趣旨および規則198条の3の趣旨に違反します。

(3) 冒頭陳述の欠如、内容の省略された冒頭陳述および不完全な冒頭陳述の場合

　検察官の冒頭陳述が、被告人の防御にとって不利益に省略された場合には、「証拠により証明すべき事実を明らかにし」（法296条本文）ていないとして、異議を申し立てることができる。法296条本文違反を根拠に異議を申し立てる。

〔例〕
弁護人　異議があります。検察官の冒頭陳述には、内容の省略があり、証拠により証明すべき事実を明らかにしておらず、法296条本文に反し違法です。

(4) 証拠に基づかない冒頭陳述

　法296条但書きの「証拠とすることができ」ない証拠としては、例えば、不同意の場合に立証方法がなく、弁護人が同意する見込みのない供述証拠が考えられる。また、罪体立証のための被告人の悪性格についての証拠は、法的関連性を欠くものであり、「証拠とすることでき」ないものに該当する。

　同条但書きの「取調を請求する意思のない資料」とは、証拠請求されていない証拠をいう。

　冒頭陳述の中で検察官請求証拠以外の証拠に基づく主張が述べられた場合は、法296

条但書きに違反するので、法309条1項に基づき異議を申し立てる。

―〔例①〕――
弁護人　異議があります。検察官の冒頭陳述の〇〇の部分は、証拠とすることができない資料に基づくものであり、法296条但書きに反し、違法です。

―〔例②〕――
弁護人　異議があります。検察官の冒頭陳述の〇〇の部分は、取調べを請求する意思のない資料に基づくものであり、法296条但書きに反し、違法です。

⑸　証拠調べの先取り的な冒頭陳述

　冒頭陳述においては、実質的な証拠調べの先取りと評価されるような陳述をすることは許されない。証拠調べを先取りする冒頭陳述は法の予定するところではなく、法296条本文に違反すること、または不相当であることを理由に、法309条1項に基づき異議を申し立てるべきである。

―〔例〕――
弁護人　異議があります。検察官の冒頭陳述の〇〇の部分は、証明すべき事実の陳述ではなく、供述調書の一部の朗読をしており、証拠調べの先取りにあたり、法296条本文に違反します。

⑹　書面に対する異議

　検察官は、冒頭陳述の際、書面を配付する。裁判員裁判においては、裁判員の理解を助けるため、図面などを添付した書面の配付が予想される。その書面は、検察官の主張を総括的に記載したものとして、証拠調べ手続や評議を通じて裁判員が参照し、情報集約の資料として利用され、裁判員の心証形成に影響を与える。

　検察官が、証拠として取調べ予定の図面（実況見分調書、写真報告書の一部）などを簡略化・誇張したものを使用することによって、裁判員・裁判官に誤解と予断を与える場合、証拠裁判主義に反し許されるものではない。

　そこで、そのような書面を検察官が配付しようとする場合、異議を申し立て、図面などの削除を求めなければならない。

　なお、公判での異議申立による混乱を避けるため、図面等を冒頭陳述で使用するかどうかを公判が始まる前に検察官に確認し、不当な図面等については、事前に削除や訂正を求めておくべきである。

〔例〕
弁護人　異議があります。検察官が配付した書面に添付された図面は不正確であり、証拠に基づかない資料により裁判員・裁判官に予断を与えるものとして、法296条但書きに反する違法があります。配付された書面から図面を削除することを求めます。

(7) 視覚資料に対する異議

　裁判員裁判においては、検察官が冒頭陳述の際に、映像や画像などの視覚資料を利用することが想定される。このような手法も適切に使用される場合には問題はない。しかし、裁判員・裁判官に誤解・予断を与え、また、証拠裁判主義の潜脱にあたるような視覚資料の使用は許されない。

　例えば、パワーポイントを使用する際などに不正確なアニメーションや過剰なアニメーションなどを使用する場合である。そのような場合にも直ちに異議を申し立てる必要がある。

　この場合も、どのような視覚資料を冒頭陳述で使用するかを公判が始まる前に検察官に確認し、違法・不相当な視覚資料については、使用しないよう求めておくべきである。

〔例〕
弁護人　異議があります。ただ今検察官が使用しているアニメーションは不正確であり、証拠に基づかない資料により裁判員・裁判官に予断を与えるものとして、法296条但書きに反する違法があります。

2　証拠決定

(1) 検察官の証拠調べ請求に対する証拠決定

ア　関連性の認められない証拠について、証拠採用決定がなされた場合

　検察官が自然的・法的関連性の認められない証拠の証拠調べ請求をした場合、弁護人は「関連性がないので（取調べに）異議がある」旨の意見を述べる（規則190条2項の証拠意見）。自然的関連性がない場合とは、事実の推認力が認められない場合をいい、法的関連性がない場合とは、事実の推認力が認められるとしても、事実認定を誤らせるようなおそれのある場合をいう。

　弁護人の意見が聞き入れられず、裁判所が検察官請求証拠の証拠採用決定を行った場合、証拠能力のない証拠を採用することは証拠裁判主義を規定した法317条に反するとして、弁護人は、以下のように異議を申し立てる。

> 〔例〕
> 弁護人　異議があります。ただ今の採用決定には、関連性についての判断を誤っており、法317条の解釈適用を誤った違法があります。

イ　必要性の認められない証拠について、証拠採用決定がなされた場合

　検察官が他の証拠と重複するなど必要性の認められない証拠について証拠調べ請求をした場合、弁護人としては、まず「必要性がないので（取調べに）異議がある」旨の意見を述べる（規則190条2項）。

　このような弁護人の意見が聞き入れられず、裁判官が検察官請求証拠について証拠採用決定を行った場合、弁護人としては、「必要と認める」証拠を取り調べる旨規定した規則199条1項、「証明すべき事実の立証に必要な証拠を厳選して」証拠調べの請求をしなければならないと規定した規則189条の2の必要性の解釈適用を誤った違法があるとして、以下のように異議を申し立てる。

> 〔例〕
> 弁護人　異議があります。ただ今の採用決定には、規則199条1項および規則189条の2の必要性の解釈適用を誤った違法があります。検察官の請求にかかる証拠は、○○と重複する証拠であり、必要性がありません。

(2)　弁護人の証拠調べ請求に対する証拠決定

　弁護人が請求した証拠が採用されず、却下決定がなされた場合も異議を申し立てなければならない。

> 〔例〕
> 弁護人　異議があります。ただ今の却下決定は、規則199条1項の必要性の判断を誤った違法があります。

3　証拠調べの範囲・順序・方法の決定

　裁判所は、検察官および被告人または弁護人の意見を聞き、証拠調べの範囲、順序および方法を定めることができる（法297条1項）。

　しかし例えば、裁判所が、証人尋問の時間を不当に制限した場合、特定の事項に尋問を制限した場合などには、訴訟関係人のする尋問について、訴訟関係人の本質的な権利を害しない限り制限することができると規定した法295条1項、裁判長が訴訟関係人の

尋問を中止して自ら尋問をする場合、訴訟関係人が法295条の制限のもと、証人を十分に尋問することができる権利を否定するものと解釈してはならない旨規定した規則201条2項、裁判所は証拠の証明力を争う適当な機会を与えなければならないと規定した法308条に反するとして、異議を申し立てなくてはならない。

―〔例〕――
弁護人　異議があります。証人尋問の時間を制限したことは、法297条1項、法295条1項（本質的な権利を害する）、規則201条2項、法308条に反する違法があります。

4　証拠調べの方法に対する異議

(1) 要旨の告知方式を採用する決定に対する異議（規則203条の2）

裁判員裁判では、口頭主義・直接主義の実質化の観点から、「要旨の告知」方式は、原則として「相当」と認められることはない。よって裁判員裁判において、検察官が「要旨の告知」方式を求めた場合、弁護人としてはまず「裁判員裁判において要旨の告知方式は相当ではない」旨の意見を述べる（規則203条の2）。

それにもかかわらず裁判官が、「要旨の告知」方式を相当と認めて採用した場合は、口頭主義・直接主義の要請に反するものとして、以下のように異議を申し立てる。

―〔例〕――
弁護人　異議があります。「要旨の告知」の方法で書証を取り調べることは、口頭主義・直接主義の要請に反し、規則203条の2の相当性の判断を誤った違法があります。

(2) 書面の朗読、物の展示等の際に評価を述べた場合の異議

検察官の評価を交えた書面の朗読（法305条1項）、物の展示（法306条）等は実質的な論告であり、違法である。よって以下のように異議を申し立てるべきである。

―〔例〕――
弁護人　異議があります。検察官は、甲○号証を朗読する際、朗読を超えて独自の意見・評価を述べており、法305条1項に反する違法があります。

(3) 裁判員裁判で想定される証拠調べの方式に対する異議

裁判員裁判では、「わかりやすい」立証をすることが検察官に求められる。しかし、「わ

かりやすい」ことを大義名分として、法の定める証拠調べの方式を逸脱した手法がとられるおそれがある。

そこで、弁護人は、違法・不相当な証拠調べの方式に対して異議を申し立てなければならない。例えば、検察官が、証拠調べに先立ち、立証趣旨を超えて証拠の一部を引用するような証拠の要旨を記載した証拠一覧表を配付したような場合である。この場合、証拠ではない書面の記載に基づいて心証形成をすることになり、証拠裁判主義（法317条）、証拠調べの方式（法305条、同306条）に反するとして、異議を申し立てる。

なお、公判前整理手続において、証拠調べの方式について検察官に確認し、違法・不相当な方式を予定している場合には、反対の意見を述べておくべきである。

5　法321条1項2号

(1)　法321条1項2号に違反する典型的場面

法321条1項2号は、「被告人以外の者」の「検察官の面前における供述を録取した書面」について、一定の要件の下に証拠とすることを許容する伝聞法則の例外である。

検察官が法321条1項2号に基づき検察官調書を証拠請求するのは、以下のような場面である。

> 「共犯者の検察官調書を弁護人が不同意とした。そこで、検察官が共犯者の証人尋問を請求し、その尋問が行われた。共犯者が、主尋問で、同調書の内容とまったく異なる証言をしたことから、検察官が法321条1項2号後段に基づき、同調書の取調べを請求した」。

かかる請求に対して、法321条1項2号後段の要件を満たさない場合、弁護人は、「（取調べに）異議がある」との証拠意見を述べ、それでも証拠採用決定がなされた場合には、法律上の要件を欠く等違法があることを理由に異議を申し立てていくことになる。

―〔例〕―
弁護人　異議があります。法321条1項2号後段の解釈適用を誤った違法があります。

(2)　法321条1項2号後段の要件を満たさないとの異議

ア　相反性と特信性

(ア)　相反性

法321条1項2号後段によって証拠能力が付与されるためには、「公判準備若しくは公判期日において前の供述と相反するか若しくは実質的に異つた供述」がされた場合でなくてはならない（相反性）。

相反性とは、両供述間の内容に実質的な差異があるか否かで決定する。具体的には、要証事実について相反するか実質的に異なる認定を導く可能性がある場合をいう。

　判例は非常に緩やかに相反性を認める。前の供述のほうが詳細、供述拒否、公判廷の供述が変転して一貫しない等、事実認定に差異が生ずる可能性があれば相反性を認める。

　しかし、法321条1項2号後段は伝聞法則の例外を規定したものであり、厳格に解釈されるべきである。弁護人としては、罪体の判断において重要な差異をもたらすものでなければ相反性は認められないと主張するべきである。

─〔例①〕─
弁護人　異議があります。ただ今の採用決定には、法321条1項2号後段の解釈適用を誤った違法があります。検察官調書では「○○」と述べていますが、法廷でも共犯者は、「○○かもしれません」と証言しており、実質的に異なった供述ではなく、相反性の要件を満たしません。

─〔例②〕─
弁護人　異議があります。ただ今の採用決定には、法321条1項2号後段の解釈適用を誤った違法があります。検察官は「○○」と述べて検察官調書との相反性があると主張しますが、「○○」である以上実質的には同じ意味であり、相反していません。

　また、反対尋問が成功し、反対尋問において、主尋問で言ったことと異なる証言をした場合にも相反性を認めるのが実務である。

　しかし、これでは弁護人が反対尋問に成功すればかえって被告人にとって不利となることを意味する。また、反対尋問権（憲法37条2項）を著しく侵害する結果となる。それだけでなく、直接主義、口頭主義、公判中心主義にも反する。

　主尋問において証人が調書と同じ内容を供述した以上、調書の再現はなされており、当該調書にあえて証拠能力を肯定する必要はない。そこで、この場合にも異議を述べなくてはならない。

─〔例③〕─
弁護人　異議があります。証人は主尋問においては検察官調書と同じ内容を述べています。反対尋問で相反供述をした場合にも法321条1項2号後段により証拠能力を肯定することは、法321条1項2号後段の解釈適用を誤り、憲法37条2項の反対尋問権を侵害し、直接主義、口頭主義、公判中心主義に反するものであり、違法です。

(イ) 特信性

　法321条1項2号後段によって証拠能力が付与されるためには、「供述が特に信用すべき情況の下にされたもの」であることが必要である（特信性）。

　特信性は、供述のなされた際の外部的付随事情から判断するとは一般的にいわれているものの、その資料として供述内容そのものを使用できるとするのが実務である。最判昭30・1・11は、「必ずしも外部的な特別の事情によらなくても、その供述の内容自体によって判断することができる」とまでいう。「詳細」、「理路整然」といった理由により特信状況を認めてしまうのである。

　しかし、弁護人としては、特信性はあくまで証拠能力の問題であることから、供述の内容を考慮することは認められず、供述の際の外部的付随事情から判断するべきであると主張しなければならない。

　〔例①〕
　弁護人　異議があります。ただ今の採用決定には、法321条1項2号後段の解釈適用を誤った違法があります。検察官が作成した調書が、詳細であり理路整然としているのは当然です。特信性は、証拠能力の問題であり、検察官調書の内容を吟味することは伝聞法則を骨抜きにします。供述内容からではなく、どのような状況でなされた供述なのか、から判断するべきです。

　〔例②〕共犯者の検察官調書の場合
　弁護人　異議があります。ただ今の採用決定には、法321条1項2号後段の解釈適用を誤った違法があります。規則198条の4は、検察官に、できる限り迅速かつ的確な立証に努めなければならない義務を課しています。取調べを可視化し取調べの状況をすべて録画・録音するなど特信性を容易に立証する方法があったはずです。ところが、録音さえなされていない以上、特信性は認められません。

イ　その他の要件を欠くことについて
(ア)　供述書か供述録取書か
　供述録取書であれば、署名・押印が必要となる（法321条1項柱書き）。
(イ)　前の供述
　尋問後に作成された調書は「前の供述」とはいえない。
　〔例〕
　弁護人　異議があります。証人尋問の後に作成された検察官調書を「前の供述」に含

めることは、法321条1項2号後段の解釈適用を誤り、反対尋問権を侵害し、公判中心主義に反する違法があります。

　ただし、再度、証人尋問がなされれば、その法廷供述との関係では「前の供述」となる。
(ウ)　供述不能（法321条1項2号前段）
　記憶喪失の場合も供述不能とするなど実務の供述不能の判定基準は緩やかである。しかし、死亡したと同程度にまったく供述が得られない程度に限られるべきである。

〔例〕
弁護人　異議があります。ただ今の採用決定には、法321条1項2号前段の解釈適用を誤った違法があります。このような場合では供述不能にはあたりません。供述者が死亡したと同程度にまったく供述が得られない程度であることが必要です。

　信用性の情況的保障は明文上要件ではないが、要件とすべきである。類型的に信用性を損なうような外部的事情が存する場合には、判例も同号の適用を否定する余地を認めている。例えば、供述者が国外退去となった場合（最判平7・6・20最高裁判所刑事判例集49巻6号741頁）で、不能の原因について捜査機関が知り、利用しようとした場合には、信用性の情況的保障はないと考えるべきである。

〔例〕
弁護人　異議があります。ただ今の採用決定には、法321条1項2号前段の解釈適用を誤った違法があります。供述不能の原因に捜査機関が関与している以上、手続的正義の観点から公正さを欠きます。

(エ)　採用の範囲
　検察官は、検察官調書全体について証拠調べ請求することが多い。弁護人としては、証人の公判証言にもなかった被告人に不利益な部分が証拠とされることを防止するため、証拠能力が認められるのは相反部分のみであるとの異議を申し立てるべきである。

〔例〕
弁護人　異議があります。法321条1項2号は伝聞法則の例外を規定しており、厳格に解釈されるべきですから、採用されるのは相反部分に限定されます。検察官調書のすべてを採用することは違法です。相反部分に限定した抄本を採用するべきです。

⑶ 証拠採用決定前の証人尋問の方法

　本書は、異議申立についてのマニュアルであるが、法321条1項2号後段に基づき検察官調書が採用された場合に採用決定に対して異議を申し立ててもすでに手遅れである場合が多い。そこで、採用されないための尋問のポイントについて若干指摘する。

　法321条1項2号後段書面として採用されないためには、特信性がないことを根拠づける事実を証人から引き出すことが基本となる。

　特信性については、証拠能力についての要件である以上その存否の判断は厳格になされなければならないし、当然検察官にその立証責任がある。検察官は、証人尋問において、検察官調書の取調べを請求するつもりで特信性の存在を立証するための尋問をする。具体的には、署名・押印に間違いがないこと、読み聞かせの手続がなされたこと、調書の訂正申立の機会があったこと、公判廷では被告人が怖くて思うように話せなかったこと、調書作成時よりも公判時に記憶が減退していたこと等を尋問する（相対的特信状況）。

　一方、弁護人は、調書作成時よりも公判廷での証言時のほうが信用できる状況で証言したことを反対尋問で尋問する。尋問事項のポイントは以下のとおりである。

・調書作成時点における時の経過による著しい記憶の減退があること
・調書作成時における心身の故障による記憶の減退・変化があること
・被告人との利害関係がないこと
・被告人や利害関係人からの働きかけがないこと
・被告人との通謀がないこと
・調書が捜査機関の作文であること
・読み聞かせの手続において内容が理解できなかったこと
・捜査機関によって違法な取調べがなされたこと
・調書の訂正を申し立てられる状況ではなかったこと（例えば、共犯者供述など被疑者としての取調べが行われ、自白を強要された場合）

　前述のように、裁判所は、供述の内容自体から特信性を認めてしまうので、公判廷での証言も「詳細」であり「理路整然」としているとの印象を抱かせるだけの尋問が必要となる。

　なお、有効に尋問をするためには、取調べ状況についての取調べメモ・取調べ状況報告書等の開示を受け、検討しておくことが不可欠である。

6　法322条

⑴　法322条に違反する典型的場面

　法322条は、「被告人が作成した供述書又は被告人の供述を録取した書面」について、一定の要件の下に証拠とすることを許容する伝聞法則の例外である。

同条に反するとして弁護人が異議を申し立てるのは、通常、検察官が取調べ請求した書証について弁護人が不同意の意見を述べ、これを受けて検察官が本条に基づいて同書証の取調べ請求をし、裁判所がその採用決定した、という場面である。特に、本条1項但書きのいわゆる任意性の要件を満たさないと主張して弁護側が証拠能力を争うケースが典型的である。

(2) 法322条1項前段の要件を満たさないとする異議
ア　不利益事実の承認にあたらないとする異議
　「不利益な事実の承認」とは、狭義の自白（法319条参照）を含み、かつ、これより広く犯罪事実の全部または一部の認定の基礎となりうる間接事実の存在を認める供述も含まれる（最決昭32・9・30最高裁判所刑事判例集11巻9号2403頁）。それ自体中立的な事実に見えても、他の事実と相まって不利益な事実となるものも含まれるとされている。そのため、不利益な事実の承認にあたらないとの異議が認められることは決して多くはないが、弁護人としては、要件該当性を厳格に吟味し、要件を緩やかに解釈する場合には異議を申し立てるべきである。
　なお、不利益かどうかの判断は、被告人の供述時の主観ではなく、客観的に判断すべきである。

〔例①〕
弁護人　異議があります。法322条1項前段の解釈適用を誤った違法があります。本調書に記載されているのは、刑事事件とまったく無関係の民事上（行政上）の責任を認める供述に過ぎず、「被告人に不利益な事実の承認」を内容としたものにあたりません。

〔例②〕
弁護人　異議があります。法322条1項前段の解釈適用を誤った違法があります。まったく犯罪事実と無関係であり、量刑上不利益な事実に過ぎず、本項に該当しません。

イ　「供述を録取した書面」にあたらないとする異議
　従来、被告人の言い分と異なる供述調書を作成してしまった理由が「言い分どおりの訂正を盛り込んでもらえなかったが、不承不承、署名・指印してしまった」という程度の場合、弁護人は、「任意性は争わないが、信用性を争う」との証拠意見を述べることが多かった。しかし、特に裁判員裁判において、「被告人の供述を録取した書面ではあるが、

信用できない」との言い分は、極めてわかりにくく、説得力に乏しい。

したがって、今後は、下記のような異議も積極的に申し立てていくべきである。

〔例〕
弁護人　異議があります。法322条の解釈適用を誤った違法があります。本証拠は、取調官の作文に過ぎず、そもそも被告人の「供述を録取した書面」にあたりません。

ウ　任意性を欠くとする異議

被告人の供述調書は、法322条1項後段により、不利益事実の承認に該当し、かつ任意にされたものでない疑いがない（任意性がある）ときにはじめて証拠能力が認められる。すなわち、任意性の要件を欠くと判断させるために、弁護側としては、任意性の欠如の立証までは必要でなく、任意になされていない「疑い」を認定させれば足りる。

裁判所が任意性認定のハードルを不当に下げることを防ぐためにも、条文の要件を正確に引用して異議を申し立てるよう注意すべきである。

〔例〕
弁護人　異議があります。法322条1項但書きの解釈適用を誤った違法があります。本証拠中の供述は、「任意になされたものでない疑いがあ」ります。

(ア)　証拠採用決定前の任意性立証・証人尋問の方法

冒頭で述べたとおり、本条違反の異議を申し立てる場面は、書証が採用された時点である。しかし、現実には、任意性に争いがある調書に関し、採用決定の段になってから異議を述べたのでは「時すでに遅し」たるのが通常である。この点は、321条1項2号書面と同様である。弁護人としては、採否決定に至る以前の任意性立証の段階で防御を尽くし、却下決定を目指すことが肝要である。

そこで、任意性立証の手続における弁護人の防御のあり方について、以下で述べる。

(イ)　任意性に関する立証の順序

a　従来型の手続における問題

刑事訴訟法の改正によって公判前（期日間）整理手続が導入される以前は、任意性に関する立証の最大の問題点の一つが当事者の立証の順序であった。すなわち、法律上、任意性の立証責任は検察官に課されているのであるから、本来、まずは検察官が任意性に疑いがないことを立証すべきである。

しかし、実務上の立証の順序は、必ずしもこの原則に従っておらず、公判は次のような経緯をたどることが一般的であった。まず、①被告人側が任意性に疑いを生じさせる

根拠についての概括的主張をし、次に、②被告人質問を実施して任意性に疑いがあると主張する根拠（取調べ時の暴行・脅迫・偽計等の内容、程度、時期その他取調べの際の詳細な客観的状況等）を法廷で詳細に供述させ、その後に、③問題の供述調書の作成に関わった捜査官の証人尋問が行われるという順序である。このような立証の順序によると、捜査官は被告人が述べた具体的な事情を単に一つ一つ否定するだけで足り、容易に任意性が認められる結果が生じやすい。

そもそも任意性立証の際、被告人質問を先行させることは、証拠調べの順序について検察官請求証拠から取り調べる旨規定した規則199条1項、証拠調べの順序について規定した法297条1項、法336条から推測される「疑わしきは被告人の利益に」の原則に反する。また、取調べの状況に関する迅速かつ的確な立証を規定した規則199条の4の趣旨にも反する。

そこで、立証責任の原則に立ち返り、まずは検察官において、取調べが適正に行われたことを立証すべきであるとして、被告人質問を先行する旨の証拠調べの順序に関する決定に対しては、次のように異議を申し立てる必要があった。

〔例〕

弁護人　異議があります。ただ今の証拠調べの順序の決定は、規則199条1項、法297条1項、法336条の解釈・適用を誤った違法があります。任意性に疑いがないことの立証責任は検察官にあります。まずは、捜査機関の取調べが適正であったことの立証として、規則198条の4の趣旨に則った検察側の立証（あるいは、捜査官の尋問）が行われるべきです。

このような従来からの問題は、公判前（期日間）整理手続が行われない手続においては依然残っているので、上記異議を申し立てる必要性が消失するわけではない。

b　公判前（期日間）整理手続が実施される手続における問題

公判前（期日間）整理手続においては、弁護人は検察官請求証拠に対する証拠意見を述べねばならない（法316条の16第1項）。弁護人が任意性を争うのであれば、立証計画策定のために、当事者双方は任意性に関する立証の予定、ひいては立証を要する証明予定事実の主張を要することになる（法316条の13、同316条の17）。

そのため、従来要求された弁護側の任意性の疑いに関する旨の概括的主張、さらには被告人質問で要求された供述の概略を弁護人側の予定主張あるいは証拠意見の内容として、明らかにすることが要求される。

したがって、従来要求された上記①と②の手続履践の必要性は消滅し、公判においては③の取調官の尋問から行えば足りることになる。

なお、この立証の順序に関し、裁判員裁判においては、まず被告人質問を行って被告

人側のストーリー（任意性に疑いを生じさせるケース・セオリー）を裁判員・裁判官に伝え、取調官の尋問を経て、再度被告人質問を行って取調官の主張に対する反駁を行うという順序が効果的であるとの見解もある。

(ウ)　任意性の疑いに関する主張の内容

任意性に疑いがある、と主張する際の具体的な主張内容としては、従来、次のように類型化して述べられることが多く、裁判所もこのような類型に該当するか否かを中心に任意性に疑いがあるかどうかを判断してきた。

① 暴行（間接暴行も含む。机を叩く、壁に灰皿やイスを投げる等）
② 脅迫（親族や知人の逮捕をほのめかす等）
③ 偽計（「家族もおまえが犯人だと言っている」、「共犯者はおまえと一緒にやったと自白している」〔切り違え尋問〕等）
④ 利益誘導（「正直に言えば起訴されない」、「正直に言えば、保釈される」、「捜査に協力すれば求刑を軽くする」、「余罪の立件を見送ってやる」等）
⑤ 長時間、深夜にわたる取調べ
⑥ 手続の欠缺（黙秘権告知も弁護人選任権の告知もない場合につき浦和地判平3・3・25判例タイムズ760号261頁）

しかし、このような類型化によって、あらかじめ争点を狭くすることは、検察官の立証責任を軽減する効果を導き、法の趣旨を後退させるおそれが強い（小坂井久「弁護士からみた任意性の基準・その立証について」季刊刑事弁護14号〔1998年〕65頁）。また、裁判員裁判においては、特に、従来多く述べられてきた「任意性は争わないが、信用性を争う」旨の証拠意見は、裁判員の理解を得られないのではないか、という疑問が呈されている（川崎英明「裁判員制度と任意性立証・特信性立証」季刊刑事弁護54号〔2008年〕47頁）。内容が信用できない供述は、まさに何らかの理由によって真に自由な供述がなしえない状況においてなされた供述なのであるから、従来信用性の議論にとどめてきたような事案においても「任意性に疑いがある」と主張して、堂々と証拠能力を争うべきである。

―〔例〕―
弁護人　異議があります。法322条1項但書きの解釈適用を誤った違法があります。被告人は、認めれば保釈が得られるとの同房者の助言を鵜呑みにした結果、自らが犯行に関与した旨の虚偽の自白をしたのです。真に自由な供述がなされたとはいえず、任意性に疑いがあります。

なお、検察官に対する自白の任意性が問題になった場合には、検察官本人の取調べの違法性を主張するか、警察官の取調べの心理的影響が遮断されていないことを主張する

ことになる。後者の場合は、遮断の欠缺を裏づける具体的事実(両取調べの時間的接着性、検察官調べ時の警察官立会いの有無、連行警察官と取調べ警察官の同一性、検察官調べ前の警察官の被疑者に対する働きかけ、警察官調書と検察官調書の内容の同一性、検察官による違法性遮断のための措置がなかったこと等)の主張・立証が必要となる。

(エ) 任意性の疑いに関する立証の方法

a 客観的な証拠の重要性

任意性に関する立証の方法は、取調べ状況に関する客観的な資料によることが原則とされるべきである(規則198条の4参照)。特に、取調べ状況を録画・録音した記録媒体は、かかる客観的な資料として重要である。

したがって、検察官・警察官が取調べ状況を録画・録音していない場合、あるいはしているのに録画・録音の記録を証拠として提出しない場合に自白調書が採用されたときには、次のように異議を申し立てるべきである。

〔例〕
弁護人　異議があります。法322条1項の解釈適用を誤った違法があります。検察官が、規則198条の4で要求される客観的な資料による立証の責任を果たしていない本件においては、任意性に疑いがないことの立証が尽くされたとはいえません。

規則198条の4は、立証責任を負う検察官の立証に関する規定ではあるが、弁護側が任意性に疑いがあることを示す際にも、可能な限り客観的な資料によって立証することが望ましい。特に、任意性立証に関しては、後述のような「被疑者ノート」の活用が有効である。

その他、暴行の痕跡が被疑者の身体に残っていれば、接見室で写真を撮影して写真撮影報告書を作成する、証拠保全を活用する等して客観的な証拠の保全に努めるべきであるし、検察官にあらかじめ証拠開示請求(任意の証拠開示請求、公判前整理手続に付されている事件なら類型証拠開示請求や主張関連証拠開示請求、訴訟指揮権に基づく開示命令を求める申立)をし、取調べ状況に関する記録書面を入手しておくことも有用である(弁護士法23条の2に基づく照会によっても、被疑者の取調室への入退室時間や取調べのための外出の有無に関する記録を入手することができる)。

さらに、違法・不相当な取調べの事実が発覚した時点で、直ちに捜査機関に対して抗議し、抗議の事実を証拠化しておくことも重要である(検察官・警察署長宛て内容証明郵便、電報、FAX等)。抗議の際には、「警察捜査における取調べ適正化指針」、「被疑者取調べ適正化のための監督に関する規則」、「取調べの適正を確保するための逮捕・勾留中の被疑者と弁護人等との間の接見に対する一層の配慮について(平成20年5月1日最高

検察庁通達)」、「取調べの適正を確保するための逮捕・勾留中の被疑者と弁護人等との間の接見に対する一層の配慮について（平成20年5月8日警察庁通達）」を参照するとよい。

　また、被告人質問における被告人の供述の信用性を高めるため、以上の資料をも参照しながら、綿密に打合せを行って、周到な準備をしておくことが必要不可欠であることもいうまでもない。

b　取調官に対する反対尋問

　法321条1項2号後段書面の特信性の場合と同様、法322条1項但書きによる任意性の立証について、取調官の証言を弾劾することは必ずしも容易ではない。

　まず、違法・不相当な取調べの状況について、結論部分（暴行を振るったことや偽計を用いたこと）を直接尋ねても、証人に否定されるのが通常である。一般的には、違法・不相当な取調べがあったことを推認させる具体的な間接事実を細かく分析し、誘導尋問によって事実を肯定させていくことによって、違法・不相当な取調べの存在を浮き彫りにしていく技術が有効である。

　その際には、証人が否定できない事実（あるいは、否定すれば虚偽であることが裏づけられるもの）を利用することが最も効果的である。そこで、先に述べた取調べ状況に関する記録書面や、留置人出入簿等の簿冊類、捜査機関の内規、供述調書の記載（自白に転じた時期、理由等）、他の捜査官の尋問結果等を丹念に検討し、反対尋問に備えることが求められる。

　なお、捜査官に対する尋問中の被告人の態度も、裁判所の心証に影響を与える。被告人の性質・能力にもよるが、被告人自身に反対尋問を行わせることによって、その迫真性・真摯さが弾劾の要素となった例もある（大阪高判昭61・1・30判例時報1189号134頁参照）。

(オ)　「被疑者ノート」を使った任意性の疑いに関する立証

　「被疑者ノート」とは、大阪弁護士会を発祥の地とする、被疑者が取調べに関する事項を記録するための書き込み式ノートのことである。被疑者が、取調べの日時・態様、捜査官の言動、自らの供述内容、供述動機、体調等を具体的かつ詳細に記録できるよう、フォームが各頁に印刷されている。任意性の疑いを立証するために有用な事実の痕跡を残せるよう、記載欄や注意書き等に工夫が凝らされている。

　被疑者ノートについて、法322条1項本文後段の特信状況があると判断され、証拠採用された例がある（森直也「被疑者ノートを利用した弁護実践」自由と正義2007年10月号61頁）。

　したがって、同ノートの証拠調べ請求に対し、検察官が不同意の意見を述べた場合には、法322条に基づいて取調べ請求をするべきである。これが却下された場合には、異

議を申し立てる。

〔例①〕
弁護人　異議があります。法322条1項後段の解釈適用を誤った違法があります。被告人が、取調べの記憶が鮮明なうちに、毎日、不利益な事実、利益な事実にかかわらず、機械的に客観的事実を統一フォームに記録したものです。内容の信用性を担保する外部的な情況が存在し、特信状況が明らかに認められます。

〔例②〕
弁護人　異議があります。法322条1項後段の解釈適用を誤った違法があります。証拠保全の結果によって示される客観的な受傷状況と、被疑者ノートの記載が合致しており、特信性は明らかです。

ただし、被疑者ノートが法322条1項の要件を満たすようにするために、被疑者に対し、次のような助言を与えることが不可欠である（この点に関する注意書きも被疑者ノートに記載されている）。

・毎日、必ず取調べの直後に記載すること
・客観的な事実をそのまま記載するよう努めること
・後から記載を加えたり、消したりしないこと

さらに、記載を終えたら直ちにノートを宅下げし、確定日付を取得する等して、作成日時の客観的な裏づけを証拠化しておくことも重要である。

また、法322条1項本文該当書面としての採用が却下された場合には、さらに、被疑者ノートの存在を立証趣旨として、証拠物（非供述証拠）としての取調べを請求すべきである。これが却下された場合の異議申立の例は、次のとおりである。

〔例〕
弁護人　異議があります。規則199条1項の必要性判断ないし関連性判断を誤った違法があります。被告人の供述の任意性・信用性を判断するための補助証拠として必要性・関連性が十分に認められます。

エ　特信性（「特に信用すべき情況」）の要件を欠くとする異議

不利益供述でない場合も、「特に信用すべき情況（特信状況）の下に（作成）されたもの」と認められれば法322条1項後段の要件を満たし、証拠能力が認められる。

検察官が請求してきた被告人の供述録取書等について、本条該当性を争うときは、異

議を申し立てる。もっとも、検察官が特段、特信性の立証を行っていない場合には、「特信性の立証自体を欠く」ということで足りる。

ここでいう特信状況は、法321条1項3号と同義であり、相対的なものでなく、絶対的な意味で、供述が信用できる情況の下になされたといえる供述時の外部的付随事情が認められる必要がある。

―〔例〕――
弁護人　異議があります。法322条1項後段の解釈適用を誤った違法があります。本調書の作成状況には、特信性がありません。

オ　法322条2項の要件を満たさないとする異議

法322条2項は、被告人の公判準備または公判期日における供述を録取した書面について、供述が任意にされたものであると認めるときに証拠能力を認める。「公判準備又は公判期日における供述」の具体例としては、被告人が他事件の公判で証人として供述した場合の公判調書が挙げられる。

その性質上、任意にされた供述であることに対する反証は困難な場合が多いであろうが、任意性に疑問があるならば、毅然と異議を申し立てるべきである。

―〔例①〕――
弁護人　異議があります。法322条2項の解釈適用を誤った違法があります。当該証言がなされた法廷には、多数の暴力団員が傍聴に来ており、報復を怖れた被告人は、任意の供述ができませんでした。

―〔例②〕――
弁護人　異議があります。法322条2項の解釈適用を誤った違法があります。当該公判期日に先立って、被告人は捜査官による任意の事情聴取を受け、その際、再逮捕をほのめかす脅迫を受けていました。したがって、任意になされたものでない疑いがあります。

(3) 必要性がないことを理由とする異議

通常の事件では、被告人質問が行われ、被告人が法廷で直接供述する。十分に被告人質問が行われるならば、過去に作成された被告人の供述調書を取り調べる必要性はないはずである。直接主義・口頭主義が重視される裁判員裁判では、なおさらである。

そこで、検察官から被告人の供述調書の証拠調べ請求がされた場合、「被告人質問が

予定されている以上、供述調書を取り調べる必要はない。採否は留保し、被告人質問後に必要性を判断したうえで証拠決定をされたい」という趣旨で不同意の意見を述べることが考えられる。それでも、検察官が法322条に基づき証拠調べ請求し、裁判所が採用決定をした場合、必要性の判断を誤った違法があるとして異議を申し立てる。

7 法323条
(1) 法323条に違反する典型的場面

法323条は、書面の客観的性質において、類型的に信用性の情況的保障が著しく高度であるものにつき証拠能力を与えた、伝聞法則の例外規定である。本条に該当すると判断されれば、原則として作成の真正や個別の書面の信用保障情況の立証なしに証拠能力が認められる。したがって、異議の中心は、本条各号書面に該当しないことを理由とすることになる。

他方、弁護側から本条に該当する書面として証拠調べ請求をする場面も少なくない。ここで裁判所が本条該当性を否定して証拠調べ請求を却下した場合には、異議を述べて本条該当性を主張することになる。

いずれの場合においても、異議の理由を検討する際には、本条各号の趣旨および先例の判断を踏まえ、本条各号該当性ないし非該当性を主張することが基本であるから、以下、各号の趣旨と、各号該当性に関する判例の判断を挙げる。

(2) 法323条各号該当性が問題となった判例
ア 法323条1号（戸籍謄本、公正証書謄本その他公務員がその職務上証明することができる事実についてその公務員の作成した書面）

(ア) 趣旨

事実を正確かつ機械的に記録すべき公共機関の客観的義務に対する信頼ゆえに、信用性が認められることから証拠能力が認められる。

(イ) 判例

肯定例　・前科調書、指紋照会回答書、身上照会書

否定例　・特定の事項に関して個別的に資料を収集し、調査した結果認定した事実を記載した書面（税務職員による調査報告書につき東京高判昭34・1・16下級裁判所刑事裁判例集1巻11号2343頁）

──〔例①〕──
弁護人　異議があります。法323条1号の解釈適用を誤った違法があります。逮捕手続書のうち、被疑者の言動に関する記載の部分は本号に該当しません。

> 〔例②〕
> 弁護人　異議があります。法323条1号の解釈適用を誤った違法があります。判決書謄本について、判決の基礎となった事実の存在を立証する趣旨であれば、本号に該当しません。

イ　法323条2号（商業帳簿、航海日誌その他業務の通常の過程において作成された書面）
(ｱ)　趣旨
　業務遂行の基礎となる書面は、虚構の記載をすれば業務の正常な遂行に支障を生じる。また、継続性を持つ書面は、その一部の記載に誤りがあれば、その後の正確な記載が困難になる。したがって、本号に該当する書面は、真実の記載が期待できるものとして、証拠能力が認められる。
(ｲ)　判例
肯定例　・被告人が備忘のために取引関係を記入した未収金控帳
　　　　・留置人出入簿、カルテ
否定例　・領収証、契約書等（継続性がない。ただし3号に該当しうる）

> 〔例〕
> 弁護人　異議があります。ただ今の却下決定には法323条2号の解釈適用を誤った違法があります。本証拠は、被告人の所属する会社の社則に従って、定期的・機械的に記載されたものであり、書面の形状、体裁、記載内容から、虚偽記入を疑わせる状況がなく、本号の書面に該当します。

ウ　法323条3号（前2号に掲げるものの外特に信用すべき情況の下に作成された書面）
(ｱ)　趣旨
　前2号に準ずる性質の書面には、類型的に信用性の情況的保障があるものとして、証拠能力が認められる。なお、被疑者ノートが本号に該当しうる場合もあろう（自由と正義2007年10月号54頁）。
(ｲ)　判例
肯定例　・前科回答の電信訳文、刑務所で服役中の者とその妻との間の一連の手紙（下記異議例のように証言等も加味しての判断。最判昭29・12・2最高裁判所刑事判例集8巻12号1923頁）、裏帳簿
否定例　・消防司令補作成の火災現場見分調書（321条3項書面に該当）、捜索差押調書（ただし、東京高判昭27・2・19高等裁判所刑事判決特報29巻44頁は肯定）

〔例〕
弁護人　異議があります。ただいまの却下決定には、法323条3号の解釈適用を誤った違法があります。AとBの間の一連の手紙は、A・B両名の証言および手紙の外観・内容等により、特に信用すべき情況のもとに作成されたものと認められるので、本号に該当します。

8　法328条
(1)　法328条の趣旨
　法328条は、自己矛盾供述に証拠能力を認める伝聞例外の規定である。自己矛盾供述の存在そのものが供述の信用性を減殺することから伝聞例外として認められる。本条に基づき採用された供述調書を実質証拠として犯罪事実の認定に使用することはできない。

(2)　検察官が法328条に基づき自己矛盾供述の証拠調べを請求する場合
　例えば、検察官が、被告人に有利な証言をした証人の証言の信用性を弾劾するために、その証人の自己矛盾供述を含む供述調書を本条に基づいて請求する場合である。かかる請求が法328条の要件を欠く場合、まず、採用について「（取調べに）異議がある」との証拠意見を述べ、それでも裁判所が採用した場合には、その採用決定に対して異議を申し立てることになる。
　以下、異議を申し立てる場面の具体例を2つ挙げる。
　法328条によって証拠能力が認められるのは、自己矛盾供述の部分だけである。そこで、自己矛盾の供述以外にも供述調書すべてを採用した場合には、以下のように異議を申し立てる。

〔例〕
弁護人　異議があります。法328条の解釈適用を誤った違法があります。採用が許されるのは、自己矛盾の記載部分に限定されます。

　また、法廷で弁護人の主張に沿う証言を証人がした後で、検察官がその証人を取り調べて作成した自己矛盾供述を含む供述調書の採用は許されない。
　確かに、法321条1項2号と異なり、法328条には法文上「前の」という限定はない。しかし、このような手段を認めると、被告人・弁護人が公判廷で自己に有利な証言を獲得したとしても、事後的に、警察官や検察官が供述調書を作成することによって、その証言の信用性を容易に減殺することができることになり、公判中心主義の趣旨を没却し、反対尋問権を侵害する。

〔例〕
弁護人　異議があります。法328条の解釈適用を誤った違法があります。証人尋問後に作成された供述調書を本条により採用することは、公判中心主義の趣旨を没却し、反対尋問権を保障した憲法37条2項に違反します。

(3) 弁護人が法328条に基づき自己矛盾供述の証拠調べを請求する場合

　検察官請求証人の証言の信用性を弾劾するために自己矛盾供述を利用することは、極めて効果的である。自己矛盾供述を利用した弾劾は、第一次的には反対尋問の際、法廷に自己矛盾供述を顕出することによって行うべきである。

　しかし、反対尋問で自己矛盾供述をうまく法廷に顕出できないこともある。そのような場合には、尋問終了後、法328条に基づき、自己矛盾供述の記載された供述調書を証拠調べ請求する必要が生じる。証拠調べ請求の際、法328条の要件を満たすこと、証言の信用性判断において必要性・重要性があることを述べる。

　検察官の異議に対しては、的確に反論をしなければならない。そして、裁判所の却下決定に対しては異議を申し立てる。

9　違法収集証拠

　違法収集証拠は証拠能力が否定される。違法収集証拠であるにもかかわらず裁判所が証拠能力を認めて採用すれば、当然異議を申し立てるべきである。違法収集証拠として証拠排除されるか否かの判断基準は、「（証拠物の押収等の）手続に、憲法35条及びこれを受けた刑訴法218条1項等の所期する令状主義の精神を没却するような重大な違法があり、これを証拠として許容することが、将来における違法な捜査の抑制の見地からして相当でないと認められる場合」（最判昭53・9・7最高裁判所刑事判例集32巻6号1672頁）といえるかどうかである。

　異議の例は以下のとおりである。

〔例〕
弁護人　異議があります。ただいまの採用決定には、憲法31条、同35条、法317条に反する違法があります。捜査機関が甲○号証を作成した（採取した）過程には重大な違法があり、違法収集証拠にあたります。

　異議が棄却されてしまった場合にも、弁論において、職権による証拠排除決定（規則207条）を求めるべきである。

　なお、法326条1項は「書面が作成され又は供述のされたときの情況を考慮し相当と

認めるときに限り……証拠とすることができる」と規定しており、違法収集証拠は相当性の要件を満たさない。よって、重大な違法・瑕疵のある証拠は、弁護人の同意があっても証拠能力がない。

また、違法収集証拠に基づいて収集された第二次証拠についても証拠能力は否定される（毒樹の果実論）。

いかなる場合に証拠能力が否定されるかは、第二次証拠の収集方法の違法性の程度、第二次証拠の重要性の程度、第一次証拠と第二次証拠との関連性の程度、当初から第二次証拠を獲得する目的であったかどうか等から判断される。

第3 弁論手続

1 論告（法293条1項、規則211条の3）

検察官が、証拠に基づかない論告をした場合、証拠調べ手続ではないので、論告そのものに対して異議を申し立てることはできない。そこで、「事件に関係ない事項にわたる」、「その他相当でない」陳述にあたり法293条、同295条1項に違反するとして、裁判長に論告の制限を求めるべきである。

それでも裁判長が論告を制限しない場合には、論告を制限しない裁判長の不作為が法293条、同295条1項に違反するとして、法309条2項に基づき、異議の申立をすべきである。

〔例〕
弁護人　異議があります。裁判長、ただ今の検察官の意見の「○○」との部分は証拠に基づいていません。証拠に基づかない論告部分の削除を求めます。
裁判長　今の程度なら証拠に基づく推論の範囲に含まれるでしょう。制限はいたしません。
弁護人　異議があります。ただ今の裁判長の不作為には法293条、法295条1項の解釈適用を誤った違法があります。

また、検察官が、論告で配付する書面に裁判員・裁判官に予断・偏見を与えるような写真・図面等が添付されている場合には、法295条1項に違反するとして、異議を申し立てるべきである。

2 弁論（法293条2項）

証拠に基づかない弁論として異議を申し立てられた場合には、証拠に基づくものであ

ること、もしくは公知の事実であることや裁判所に顕著な事実であることを説明することになる。ただし、明らかに証拠に基づかず、公知の事実や裁判所に顕著な事実にもあたらない弁論は違法であり、また、説得力に欠けるので、異議を申し立てられる以前に弁護人において慎むべきである。

第4 その他

1 公判前整理手続

(1) 総論

公判前整理手続は、「充実した公判の審理を継続的、計画的かつ迅速に行うため必要があると認めるとき」、「事件の争点及び証拠を整理するため」に行われる（法316条の2第1項）。具体的には、証拠の採否の決定、争点の整理、審理計画の策定等をする。

公判前整理手続においても、検察官や裁判所等の違法・不相当な行為、処分、決定等に対して、異議を申し立てることができる（法309条1項・2項、同316条の5第9号、規則217条の14第1項12号）。

(2) 被告人に対する質問（法316条の9、同316条の10）

裁判所は、「弁護人の陳述又は弁護人が提出する書面について被告人の意思を確かめる必要があると認めるとき」に被告人に質問を発することができる（法316条の10）。しかし、上記の必要性の程度を超え、詳細な質問にわたる場合は、法316条の10に違反し、違法になると考えられる。

異議申立の根拠条文が法309条1項か同条2項になるかについては、実質的な被告人質問にあたり「証拠調べに関」するとして法309条1項によるとする考え方、「裁判長の処分」に含まれるとして法309条2項によるとする考え方の両説がありうる。

―〔例〕―
> 弁護人　異議があります。ただ今の質問は、実質的に証拠調べを先行して行うものであり、法316条の10の必要性の解釈・適用を誤った違法があります。

(3) 証明予定事実記載書における証拠の引用

検察官が、証明予定事実記載書において、供述調書の記載をそのまま引用しているような場合、裁判所に対して予断を与えることから、法316条の13第1項後段の趣旨に反する。また、「事件の争点及び証拠の整理に必要な事項」の範囲を超えるものとして規則

217条の19にも反する。そこで、異議を申し立て、削除を求めるべきである。

> 〔例〕
> 弁護人　異議があります。検察官は証明予定事実記載書の中で供述証書の記載をそのまま引用しています。このような記載は、裁判所に予断を与えるものとして法316条の13第1項後段の趣旨に反し、また、「事件の争点及び証拠の整理に必要な事項」の範囲を超えるものとして規則217条の19にも反する違法があります。

(4) その他の手続における異議

　公判前整理手続独自の手続として、裁判所は、公判前（期日間）整理手続に付する決定（法316条の2第1項、同316条の28第1項）、予定主張や証拠請求等の期限を定めること（法316条の13第4項、同316条の16第2項、同316条の17第3項、同316条の19第2項、同316条の21第3項、同316条の22第3項）などができる。これらの決定は、被告人または弁護人の意見を聞いたうえでなされる。不服がある場合には、「異議がある」旨の意見を述べる。

　意見が取り入れられず、決定がなされた場合、「証拠調べに関し」（法309条1項）といえず、また、「裁判長の処分」（法309条2項）にもあたらないので、法309条に基づく異議を申し立てることはできない。もっとも、決定に不服がある場合には、裁判所に再考を求める意味で、決定に対して「異議がある」と反対の意見を述べるべきである。

(5) 公判前整理手続終了後の証拠調べ請求

　公判前整理手続または期日間整理手続が終了した後は「やむを得ない事由」によって請求できなかったものを除き、証拠調べを請求できない（法316条の32第1項）。

　そこで、検察官が公判前整理手続または期日間整理手続が終了した後に証拠調べ請求をしてきた場合、「やむを得ない事由」がないことを理由に、規則190条2項に基づく意見として取調べ請求に異議がある旨を述べるべきである。そして、当該証拠が採用された場合には法309条1項に基づき異議を申し立てるべきである。

> 〔例〕
> 弁護人　異議があります。ただ今の採用決定は法316条の32第1項の「やむを得ない事由」の解釈・適用を誤った違法があります。

　逆に、弁護人が公判前整理手続または期日間整理手続が終了した後証拠請求して採用されなかった場合には「やむを得ない事由」の解釈および規則199条1項後段の「必要

と認めるもの」の解釈を誤ったことにつき異議の申立をすべきである。また裁判所は法316条の32第2項で「必要と認めるとき」には職権で採用ができるのであるから、この「必要と認めるとき」の解釈を誤ったという点についても異議の申立をすべきである。

〔例〕
> 弁護人　異議があります。ただ今の却下決定は法316条の32第1項の「やむを得ない事由」の解釈、同第2項の必要性の判断、規則199条1項の必要性の判断を誤った違法があります。

2　犯罪被害者参加

(1)　犯罪被害者が刑事事件に関与する場面

犯罪被害者が刑事事件に関与する場面としては、①犯罪被害者が証人となる場合、②被害者の意見陳述（法292条の2）、③被害者参加制度（法316条の33ないし316条の39）がある。

また、上記①・②につき付添い、遮蔽、ビデオリンクの制度があり（法157条の2、同157条の3第1項・2項、同157条の4、同292条の2第6項）、③につき付添い、遮蔽の制度がある（法316条の39）。

(2)　被害者等が証人となる場合

被害者等が証人となる場合、検察官の主尋問に対する異議が問題となるのであり、通常の尋問における異議と何ら変わるところはない。

(3)　被害者等の意見の陳述がなされる場合

被害者等は、被害に関する心情その他の被告事件に関する意見を述べることができる（法292条の2第1項）。この陳述は、犯罪事実の認定のための証拠として用いることはできない（法292条の2第9項）。

被害者等の意見陳述に対し、弁護人は、訴訟関係人として趣旨を明確にするための質問ができる（法292条の2第4項）。

また、重複、関連性がないなど「相当でない」意見の場合（法292条の2第5項）、裁判長に陳述の制限を求めることができる。それでも裁判長が陳述を制限しない場合には、裁判長の不作為に対して、異議を申し立てることができる（法309条2項）。

⑷ 被害者参加制度
ア 制度の概要

　被害者参加制度とは、一定の重大犯罪（故意による死傷、性犯罪、業務上・自動車運転過失致傷、逮捕監禁、略取誘拐人身売買）について被害者等が参加する制度である。被害者等もしくはその委託を受けた弁護士からの参加の申出に対する裁判所の許可により被害者参加人となり（法316条の33）、被害者参加人またはその委託を受けた弁護士は公判期日に出席することができる（法316条の34）。

　被害者参加人は事件につき検察官の権限行使に関し、意見を述べ説明を求めることができる（法316条の35）。

　公判廷では、被害者参加人は、証拠調べ手続において、情状証人に対して証言の証明力を争うための尋問をすることができる（法316条の36）。

　また、被害者等は前述のように証拠調べ手続の最後に被害者の意見陳述ができるし（法292条の2第1項。被害に関する心情その他の被告事件に関する意見）、また、検察官の論告の後に被害者参加人は訴因として特定された範囲内で、事実または法律の適用について意見を陳述することができる（法316条の38。被害者論告。ただしこの意見陳述内容は証拠とはならない）。

　そして、被害者参加人はこれら2つの意見陳述に必要な範囲で被告人質問ができる（法316条の37）。

　つまり、被害者参加人は、情状証人に対する尋問（情状のみ）と被告人質問（犯罪事実および情状）ができるのである。

イ 被害者参加の申出等に対する意見

　弁護人は、被害者参加の申出、情状証人に対する尋問の申出、被告人質問の申出に対し、意見を述べることができる（法316条の33第1項、同316条36第1項、同316条の37第1項）。

　特に否認事件については、被害者参加人が参加することによって、裁判員・裁判官の犯罪事実の認定に予断を与えないようにしなければならない。そこで、「犯罪事実に関しないことが明らかな情状に関する証拠の取調べは、できる限り、犯罪事実に関する証拠の取調べとは区別して行うよう努めなければならない」と規定する規則198条の3を根拠として、罪体についての証拠調べと情状についての証拠調べを分けて行うよう求めるべきであろう。それがなされない場合には、規則198条の3に反するとして、法309条1項に基づき異議を申し立てる。

ウ　証人尋問

　被害者参加人は、情状証人に対し、検察官の尋問が終わった後、直ちに尋問事項を明らかにして検察官に申し出て、裁判所の許可があれば、情状証人の供述の証明力を争うために必要な事項につき尋問できる（法316条の36）。例えば、謝罪や被害弁償や今後の監督などに関する事実である。

　被害者参加人による尋問においても、尋問における異議の一般論が当てはまる。

　被害者参加人のこの情状証人への尋問については、それが情状面を超えて犯罪事実に関わるときは異議の対象になる。情状証人は、犯罪事実について正確に知っているとも限らず、曖昧なまま答えることとなれば、誤った事実認定に結びつくことにもなりかねず、注意が必要である。

　また、前もって被害者参加人が明らかにした尋問事項を超えているときも異議の対象になる。

　ただ、この被害者参加人の情状証人への尋問は、検察官尋問後、直ちに申し出ることになっていることなどから、多くの質問がなされることは想定されていない。

〔例〕

弁護人　異議があります。ただ今の質問は、情状ではなく犯罪事実そのものに関する質問であり、法316条の36第1項に反する違法があります。

エ　被告人質問

　被害者参加人は、犯罪事実、情状面を問わず被告人質問ができる（法316条の37）。

　被害者参加人による質問においても、尋問における異議の一般論が当てはまることは同じである。

　被害者参加人による質問において、特に注意しなければならないのは、被害感情が強く、法的な知識が乏しいため、訴因の範囲外の質問をしてしまうような場合である。例えば、自動車運転過失致死の事実が訴因なのに危険運転致死罪を前提にした質問をしているような場合である。このような質問は、「意見の陳述をするために必要」（法316条の37第1項）な事項にあたらず、また、誤導にあたる以上、異議を申し立てる。

　また、質問ではなく、単に被害感情を被告人にぶつけるだけの発言がなされることもありうる。この場合、弁護人が異議を申し立てるよりは、そのような質問を想定したうえで、事前に被告人と打ち合わせておき、被告人本人に適切な回答をしてもらい、被告人の反省を示すほうがよい場合もあろう。

オ　事実または法律の適用についての意見陳述（被害者論告）

被害者参加人は被害者論告ができる（法316条の38）。

被害者論告は「訴因として特定された事実の範囲内」で行うものとされている。起訴事実が傷害致死なのに、「殺人として処罰してほしい」などと訴因の範囲を逸脱する陳述がなされた場合には、法316条の38第1項に違反するとして、裁判長に対し、法316条の38第3項に基づく陳述の制限を求めるべきである。そして、裁判長が制限しなかった場合には、法309条2項に基づき異議の申立をすべきである。

〔例〕
弁護人　異議があります。被害者の意見陳述は訴因の範囲を超えておりますので、制限することを求めます。
裁判長　被害者の心情を語るものですから、制限するつもりはありません。
弁護人　異議があります。ただ今の裁判長の不作為には、法316条の38第3項の解釈適用を誤った違法があります。

(5)　付添い、遮蔽、ビデオリンク

犯罪被害者等が証人となる場合、被害者等の心情の意見陳述の場合には、付添い、遮蔽、ビデオリンク（法157条の2、同157条の3第1項・2項、同157条の4、同292条の2第6項）が可能である。また、被害者参加制度の場合も付添い、遮蔽（法316条の39）が可能である。そして、これらの採用にあたっては、被告人または弁護人に意見が求められる。このうち、被告人との遮蔽とビデオリンクについては、被告人から証人や被害者参加人の供述態度を確認できない。また、反対尋問や質問、異議において公判廷の特有の雰囲気を共有することもできない。そこで、安易に認めるべきではなく、事案によって、被告人の不利益にならないかを考え、反対意見を述べるべきである。それでも遮蔽やビデオリンクの決定がなされた場合には、法309条1項に基づき異議を申し立てる。

また、付添人が付いている場合、その言動が証人に不当な影響を与えないよう注意し、かかることあれば異議を申し立てるべきである。

〔例〕
弁護人　異議があります。ただ今の遮蔽措置を認める決定は法157条の3第1項の必要性・相当性の判断を誤った違法があります。

(6)　被害者等に対する異議申立の注意点

被害者等に対する異議申立で弁護人が注意しなければならないのは、異議を申し立て

ることによって被告人に不利益が及ぶようなことがあってはならないということである。不適切な異議の申立によって、被害者感情を逆撫でし、裁判員・裁判官の反感を買うようなことだけは避けねばならない。

　しかし、被告人に不利益となる誤った事実認定を導くような尋問や意見があった場合、異議を申し立てることに躊躇してはならない。ただし、検察官に対する異議申立以上に、真摯な態度、丁寧な口調に気を遣うべきであろう。

第4章

実践から学ぶ異議申立
後藤貞人弁護士インタビュー

●**異議を申し立てるときの心構え**
——後藤さんは、異議をよく出されるんですか。
後藤 多分、一番多いほうではないでしょうか。
——一番よく出される異議は何ですか。
後藤 「誘導」、「誤導」、「意見を求めるもの」、それから「伝聞」、これらが一番多いでしょう。「要約不適切」は、誤導の一種です。
——異議を申し立てるときにいつも心がけていらっしゃることはありますか。
後藤 「簡潔に」です。
——異議を申し立てるときに戸惑ったり躊躇したりしてしまうことがあります。その点はどのように克服していったらよいのでしょうか。
後藤 やっぱり慣れでしょうね。ただし、異議は実践でしか養われないかというと、そんなことはないと思います。NITA（National Institute for Trial Advocacy。アメリカの法廷弁護技術の研究・教育機関）の研修があるでしょう。learning-by-doingというやつです。模擬で申立をする練習をバンバンすればいいのです。起立して、「異議」を申し立て、その理由を言う。異議を申し立てられた相手方の場合は、「異議申立」に対する意見を述べる。そういうトレーニングをすれば、申立とそれに対する対応ができるようになると思います。

　異議を申し立てにくい理由は大きく3つあります。1つは、瞬時に判断することが難しい。2つ目は、法文の知識の欠如です。どのような訴訟行為についてどのような異議を申し立てることができるかについて十分な知識がない。そして、3つ目は、異議の理由があるとしても、次に、戦略上その異議を申し立てるべきかの判断をしなければならない。その判断が難しい。そのような理由があるから異議の申立は難しいんでしょうね。

　しかし、2つ目の法文上必要な知識はそんなに大した量はありません。尋問に関していうと、規則199条の3以下に出てきます。法廷ミステリーを読むと大体全部出てきます。そういうのは意外と簡単だと思います。ところが、問題なのは、それすらもちゃんと勉強してない人が結構いることです。

1つ目の瞬時の判断は、トレーニングを重ねることによってできるようになります。先ほど言ったように、異議の申し立て方は練習できると思います。
　一番難しいのは3つ目です。異議理由はあったとしても、その異議を申し立てるべきか否かの戦略です。
　例えばこんな経験があります。私が証言を間違って理解して尋問を先に進めていた結果、証人が引きずられて変なふうに答え始めていた。ところが、検察官が「異議。誤導です」と言ってくれて間違いに気がついた。そこで、「撤回します。間違ってました」と言って直ちに軌道修正したことがあります。仮に検察官が異議を申し立てずに放っておいたとしましょう。そうしたら、証人が、弁護人の誤導に乗ってしまって、ペラペラしゃべってしまったかもしれません。そうすれば、検察官は、誤導に乗ってどんどんしゃべったこと自体をその証人の信用性をなくする最大のポイントにできたりするわけです。そういうことがあるから、戦略上、戦術上、異議を申し立てることによってどのような効果を与えるかを考えないといけない。今述べた誤導の例はそういう例です。
──戦略的な考えをするために必要な視点とはどんな視点ですか。
後藤　やっぱりケース・セオリーでしょうね。ケース・セオリーと、その証人のセオリーというか、その証人尋問で何を獲得するかということだと思います。
　例えば、その証人の信用性を崩されてはならない場面で、証人がふらふらしているような場合には、検察官に誤導尋問なんかがあればすかさず異議を申し立てなければなりません。だけど、証人や被告人が誤導にも十分耐えて、「いや、それは違いますよ」と堂々と言える人であれば、そのまま聞いておくほうがよいでしょう。そのような判断は、この証人で何を活かし、何を殺すかという根本的な問題と深く関係するわけです。そしてこの根本的な問題は何とつながっているかというと、ケース・セオリーです。この事件をどう見るか。全証拠をどのように見るかということから、個々の証人をどの位置でどう扱うかが出てくる。そこから異議に対する対応というか、戦略というのが出てくるのではないでしょうか。
　ただ、それはほとんどの場合、瞬時に判断しなければなりません。実際にも瞬時に直感的に判断していると思います。そんなことは達人でなければできないかというと、そんなことはなくて、みんなやっているわけです。とはいえ、明確にケース・セオリーを確立していないとできるはずがありませんし、意識的にトレーニングするかしないかによって上達の仕方が変わります。もうろくの度合いによっても違う。私はこの頃もうろくして、「あっ、言うべきやった」というのを逃がしたり、言わんといたらよかったというのを言ってしもうたり、こんなことがしょっちゅうあるわけです。
──例えば、どういうときに異議を申し立てないほうがよかったと思われるんですか。
後藤　例えば「意見を求めるものです」とか「要約不適切」と言うとします。裁判所が異

議を認め、「それじゃ聞き直してください」と決定したとするでしょう。そしたら、「じゃ、遡って一から整理して聞きますね」と、意見の基礎となる事実を丁寧に聞き始めますやんか。あるいは、もう一度、要約の前提を整理して個別に確認していくとします。その結果、きれいにクリアになっちゃったりするわけです。そんなことがしょっちゅうあります。あの異議を申し立てずに黙ってたら、わけのわからんままで、何にも反対尋問しないでほっといてもよかったのに、そういうことがあるわけです。

――逆に、異議を申し立てて成功した例を教えてください。

後藤 例えば、早い段階で「誘導」という異議を3発やっただけで、検察官が続きを聞けなくなって、ろくに聞かんと終わっちゃったことがあります。反対尋問もありませんという感じでした。

――この前、最初に検事が誘導をいっぱいするから、「異議。誘導です」と言ったら、その後検事がオープンな質問で全部うまく聞き通して、異議を言うところもなかったという話を聞ききました。

後藤 すかさずそうなるなんて、むちゃくちゃ優秀です。そんな人はなかなかいないですよ。指摘されてすぐ誘導なしで聞ける人なんて、100人のうち1人もおらへん。

――恐喝事件で脅迫文言が発せられたのかどうかが争点の場合などに、検事は調書通りの言葉を誘導してでも証言させようとしますね。そのような場合に異議を申し立ててうまくいったことはおありですか。

後藤 それはよくあります。恐喝事件の脅迫文言なんか典型的です。それから、傷害自体は争ってなくても、どっちが主導権を持ってたかとかそういうのになると、目撃者が必ずしもはっきり見てないのではないかと思われるときなんかは、ちょっと早めから誘導を阻止すると、そこは出てこないことはある。

　コツがあります。検察官がどのように尋問していくかは大体わかります。極端に言えば、99％何を聞いて何を答えるかがわかるんです。それなのに、聞いてみないとわからないから、まず主尋問を聞いてから考える等というのは出来の悪い弁護士の言うことです。なんでわかるかというと、検事は検察官調書に基づいて聞くからです。少々違うことはありますよ。それでも、それに基づいて聞きます。シナリオがあるんだから。例えば脅迫文言を争うために、反対尋問をいろいろ準備するときに、主尋問は、たいがい、検察官調書をずっとなぞっていくから、脅迫文言に関する尋問がどのあたりで出てくるか予測できます。誘導する人というのはたくさん誘導するわけです。検察官の聞き方が最初から誘導ばっかりしているというときには、肝心の場面でも誘導する可能性が高いことが予測できます。そんなときには、その肝心なところに来たときにはじめて「誘導」と言ったのではダメです。そのままずるずると行っちゃうから。その前のたいしたことのない尋問に対して「誘導」の異議を2、3回申し立てておかないとダメなのです。それは

ブラフという意味ではありません。ストップする石を1つだけ投げたのでは投げられた人はあんまり痛くないし、裁判官も見過ごすこともあります。そこで肝心の尋問の前に、3つぐらい石を投げておくわけです。そうしておけば、それまでの石の効果が出てきて、肝心のところで異議がすっと通っちゃったり、そもそも異議を申し立てるような尋問がなかったりします。だから、ちょっと手前からやらないとダメなのです。ここが大事だからここだけで申し立てようと思っていたら、大概失敗します。さっと誘導されて、異議を申し立てる前にパッと答えが出ちゃったりするんです。

　それと、わが国の裁判官は、異議の処理に慣れていません。そもそも異議申立が少ないことも原因かもしれませんが、異議を適切にさばく裁判官はすごく少ないです。その結果どういうことが起こるかというと、異議を申し立てても、「とりあえず聞いてください」とか「私もそこのところは聞いてみたいから」等と言う裁判官がいくらでもいるんです。

　こういう人もいます。ある模擬裁判の記録に「誘導です」と弁護人が異議申立をしたことになっています。記録には続いて、裁判官「検察官、ご意見は」、検察官「ありません」、裁判官「異議を認めます」、こういうやりとりがありました。それを見て、ある裁判官が、「いや、誘導かどうか、答えを聞いてみないととわからないことがある」と。答えを聞いてみないと誘導かどうかわからない。そんなアホな話があるかと思うんだけれども、そう考える裁判官も少なくないと思っておかないといけません。

　そうすると、ますます、先ほどの例のように一番大事なところだけで異議を申し立てたのでは、阻止できないことがあるわけです。だけど、3発か4発ぐらい石を投げといたら、1つ目はうまいこといかんでも、2つ目、3つ目「誘導です」と言うと、裁判官もさすがにだんだん傾いてくるんです。検察官も徐々に慎重になってきます。私の経験でも、初めの2、3回は当たらんでも、だんだん異議が通る率が高くなってきます。あれは不思議なものでね。そのように、ケース・セオリーにとってこの証人がどれだけ重要かということと、どのあたりで異議を申し立てるかというのは大事です。と言いながら、私は何でもかんでも異議を申し立て過ぎるので、「しまった」と思うことが多いですけどもね。

●尋問以外での異議

——尋問以外の場面で異議を申し立てることはありますか。
後藤　裁判所の訴訟指揮に関して異議を申し立てることがあります。ただ、尋問以外で異議というのは少ないです。
——証拠の採否の場面はどうでしょうか。
後藤　それはよくあります。例えば、違法収集証拠であると主張している証拠が採用さ

れたり、任意性がないと主張している自白調書が採用されたら、その採用決定に対して異議を申し立てます。証拠調べに関する決定だから、法309条1項、規則205条1項によって、違法を理由としなければなりません。

——ほかには何かありますか。

後藤 そういえば、私は、以前1年間ぐらいこんな異議を申し立てていたことがあります。証拠調べ請求があるでしょう。証拠等関係カードに甲と乙と書いてありますよね。甲と乙を一緒に請求するでしょう。あれ、私は一時期ずっと異議を申し立てていた。認める事件でも「異議。刑訴法301条の明文に反します」と。乙の証拠調べ請求を撤回してくれ、甲だけを出せと言うのです。この異議は100％通りました。

——今でも異議を申し立てていらっしゃるんですか。

後藤 やめた。

——どうしてですか。

後藤 実益がないからです。1年間ぐらいやりました。すべて異議が通った。「明文の規定に反します」と言ったら、裁判官によっては「判例はありますか」と聞く。「はい、あります。最高裁の判例があります」、「その判例はどのような判例ですか」、「それでも違法でないという判例です。同時に請求しても、取調べが甲が先であれば違法ではないというのが判例です。しかし、これは、いわば救済判例です。請求行為があったそのときにリアルタイムで異議を申し立てた事例ではありません」。こういうやりとりをすると、裁判所が「ちょっと合議します」とか言ったこともありますが、結局全部通りました。法301条にどう書いてあるか知ってる？

——「請求することはできない」。

後藤 そう書いてあるでしょう。ところが、証拠等関係カードで甲乙一緒に請求してくるわけです。だから、明文の規定に反する。全部通りました、気持ちいいぐらい。

——後藤さんは、冒頭陳述のときに、前科が書いてあったら異議を申し立てるという話も聞いたことがあります。

後藤 争う事件では申し立てます。

——異議は認められますか。

後藤 大阪の裁判官の3分の1ぐらいは異議を認めるのと違いますか。

——事実を争っている事件で、冒頭陳述に前科の記載があったときに異議を申し立てた場合の効果を教えてください。

後藤 必ず効果あるとまではいえないでしょう。

——裁判員裁判の場合はいかがですか。

後藤 それは変わる余地があると思います。裁判員裁判が導入されたが刑訴法のほかのところは変わらなかった。手続二分にはならなかった。つまり、公訴事実に争いがある

場合、有罪になってはじめて、次の量刑の手続に行きましょうという手続になってないです。もし手続が二分されれば、事実を争っているときに、最初の段階では前科とか量刑の事情について検察官が主張するのを阻止できます。事実を争って白黒つけるときには、この人に前科があるということなんか一切考慮されないわけです。だから、手続を二分すべきなのです。実務上二分することを法が禁じていると解すべきでもありません。だけど、裁判所が実務上手続を二分するのはもう少し先になるかもしれません。

そこで、どういうことが起こるか。手続二分せずに事実認定をする人が量刑判断するでしょう。だから、最初の段階では出さないでも、量刑判断上必要だということで後で出てくるわけです、最後の証拠調べで。最後の段階で前科なんかが出てくれば裁判員の心の中で何が起こるかです。無罪だと主張してずっと争っていた被告人に、「えっ、同じような前科があるんか」と、こうなる。それがもたらすインパクトと、一番最初から前科について検察官が主張していたけれども、大したことなかったということになるか、どちらがインパクトがあるだろうかという問題です。難しいでしょう。

――弁護側の活動が成功していた場合、後から前科が出てきたほうが裁判員へのショックが大きそうなイメージもあります。

後藤 そうそう。模擬裁判で幾例かの報告があります。「何や前科があったのか」というので、それまでの弁護人の主張の信憑性がそれだけで薄れるようだとの報告があります。反対に、最後の時点で前科なんか出てきても、裁判員が関係あらへんと全然気にしなかったという報告もあるんです。だから、わからない。

――先に前科があることを知ってしまったら、証拠の見方に予断が及んでしまう可能性がありますね。

後藤 だから、冒頭陳述で前科についてどのように触れるかという問題が出てくる。アメリカの場合は、ある意味では手続二分の典型です。死刑の場合は別ですが、一部の州を除き、陪審員が事実の有無を決める、裁判官は量刑を決める。だから、陪審法廷で検察官が被告人の前科を持ち出したら、それだけで検察官はアウトです。それが許されるのは例外的な場合で、例えば被告人が証言台に立って、私は清廉潔白な人物で正直な人物ですと証言したら、パンドラの箱を開けたことになるわけです。とたんに、検察官は前科を持ち出せることになって、「おまえ、この嘘つきめ」とやれるわけです。しかし、それ以外には原則として出せない。

ところが、日本の場合はそれとは違って、これまで冒頭陳述や被告人質問で被告人の前科を持ち出すこと自体は禁じられなかったのです。手続が二分されていないから当然と考えられていました。ですから、検察官は、裁判員裁判でも同じような感覚で出してくると考えておかなければならない。そうすると、異議を申し立てて阻止するか。あるいは阻止しないでそのまま陳述させるか。どう対応するかを考えておかねばなりません。

陳述させれば、次の弁護側の冒頭陳述はものすごく大事になってきます。そのときにどう言うかですね。例えば、「この人は、犯罪とは無縁の人です」という言い方をしたらパーになる。そうではなく、「この人は悪い人です。不良です。しかし人は殺していません」。こういうふうな説得の仕方をするほうがいいかもしれない。

　裁判員裁判では、今まで以上に、あらゆる発言がいろいろな局面で重要な意味を持ってくると思います。今までの職業裁判官による裁判では、どのみち1年先に違った裁判官が判決することになるだろうと思えば、とにかく全部放り込んでおこうでということになるし、冒頭陳述で前科について言及されようと、甲乙一緒に請求されようが、判決にはあまり影響ないわということになります。

●裁判員制度による影響

――尋問の際の異議申立について、裁判官裁判と裁判員裁判とで違いますか。

後藤　基本は変わらないでしょう。だけど、何でも片っ端から異議を申し立てるようなのはやめといたほうがいいでしょうね。1つは、異議を申し立てることによって不都合な真実を隠そうとしているという印象を持たれるかもしれない。今まではそんなことはあまり考えなくてもよかった。しかし、裁判員裁判では、それが新たなファクターとして出てくる。それから、不都合な真実を隠そうとしているとまでは思われないとしても、流れを疎外しているという印象を持たれるということ自体が不利益となることがあります。

　裁判員裁判でわれわれが意識する必要があるのは、裁判員の時間です。「あなた方の時間は大切である。私はそれを尊重していつも気にかけている。しかし、ここは裁判員・裁判官にとっても大切なところです。時間をかける必要があるところです」。こういう感じにならないといけないと思うのです。ところが、異議を連発することによって、裁判員・裁判官のための時間ではなく、検察官の時間でもなく、弁護人の時間になってしまいかねない。検察官の時間に弁護人が割り込んで主人公になるわけです。頻繁な異議申立は、基本的には耳障り、目障りであると考えないとダメでしょう。不都合な真実を隠そうと思われる以前に、目障り、耳障りという印象を持たれてしまう可能性があります。かといって、違法・不当な尋問を放置することはできません。だから、ちょっと難しいです。異議申立を絞ることが必要です。異議についての正しい知識と明確な異議申立理由が必要です。

――キース・エヴァンス（高野隆訳）『弁護のゴールデンルール』（現代人文社、2000年）でも、仕方なさそうに異議を申し立てたほうがよいという趣旨のことが書いてありますね。

後藤　そうそう。多くの場合、勢いよく攻撃的にやるのはよくないようです。「言いたく

73

ないけど、すみません、ちょっとひどいんと違いますか」と、こんな感じがいい。

●誘導尋問か否かの判断方法

——誘導尋問かどうかは、イエス、ノーで答えられるかどうかということだけで判断してよいのでしょうか。

後藤 イエスかノーかで答えられることはすべて誘導尋問かというと、そうではないでしょう。しかし、判断のメルクマールを「イエスかノーで答えられるか否か」とすることは有効です。

　誘導尋問とはどういう尋問かというと、答えを示唆する尋問です。そのような質問によって、答えを尋問者の望むところへ導くのが誘導尋問ですね。イエスかノーかで答えられる尋問であっても、答えを示唆していない尋問がありえます。したがって、イエスかノーかで答えられる尋問がすべて誘導尋問かというと、そうではないでしょう。ただし、イエスかノーかで答えられるのに誘導尋問ではない例を思い浮かべるのが困難なくらいです。

　それから間違ってはならないのは、「その質問が質問者の求める答えを導こうとしているかどうか」は質問の形式の問題であって、尋問者の主観的な意図ではないことです。ついでに、「質問の形式」に関して、こんなアホ理解をしている人はいないと思いますが、念のために言っておきましょう。「……ですね」と聞くのは誘導尋問であるが、「……ですか」と聞くのは誘導尋問ではないと考えている人がごく稀にいます。そんな人は、「……ですか」と聞いているのに「異議。誘導です」と言われるとキョトンとして、「誘導ではありません。確認しているのです」等と意見を言います。しかし、これが間違いであることは説明するまでもないでしょう。

　さらに、誘導かどうかは質問の内容だけの問題ではありません。動作や口調によっても影響があります。こう（証人のほうを）見ながら、「そこに誰がいましたか」と聞いたら、それはイエス、ノーでは答えられないし、「誰もいなかった」と答えることもできるから誘導ではないとしても、尋問者が被告人を見ながら証人に対して「誰がいましたか」と聞いたら、これは誘導です。なぜか。それは言葉とともに、態度でもって求める答えを示唆しているからです。

　そういうふうに考えを進めていくと、誘導にも、強い誘導、弱い誘導があることがわかります。道が２つに分かれる分岐点に来たという証言の後で、「そのときにＡさんは右に行ったのですか、左に行ったのですか」というのは、仮に誘導ではないとしましょう。「仮に」というのは、「道を外れてまっすぐ進んだ」、「立ち止まって動かなかった」、「後戻りした」ことなどを排除している点では誘導だからです。誘導しないで聞くとすれば、本来は「どちらの方向に行ったのですか」と聞くべきでしょう。この点はおいて、「右に

行ったか、左に行ったか」と聞くこと自体は誘導でないとしても、例えば、「(大声で)右に行ったのですか、(小声で)左に行ったのですか」、こう聞くと誘導なわけです。

　さらに考えてみましょう。「(強く)右、右に行ったんですか、(弱く)左に行ったんですか」、これは強い誘導です。その次、「右に行ったでしょう」と聞いたら、それよりも強い誘導です。「右以外ありませんよね」と聞いたら、さらに強い誘導です。

　このように、誘導か誘導でないかの問題を考えていったらおもしろいです。そして、そういうことを考えていたら、これは誘導か、これは誘導でないかというのはよく区別できるようになるはずです。

――高野隆弁護士が、前提を欠く尋問に対し、「証言の基礎がない」という異議を出されるということです。証言の基礎がないという異議を申し立てるのはどのような場面でしょうか。

後藤　例えば、交通事故の状況の目撃証人に、どこにいて、そこからどのようにして事故を目撃したかを聞かずに「そのときの信号の色は何色でしたか」と聞いたとする。これに対し、「証言の基礎がありません」という異議が考えられる。なぜならば、そのときに信号を見たのか、それとも信号を見た人から聞いたのか、はたまた信号についての記録を読んだのかといった、証人に証言を求める前提が何も出ていません。そういう場合に「証言の基礎がない」というのです。仮に証人が信号を見たのではなく、人から聞いたことを証言しようとしているのであれば、伝聞供述を求めていることになり、異議で阻止できるはずです。現場にいただけで、そのとき信号機を見ていないのに信号が何色であったかの推測を証言させようとしているのであれば、それは意見を求めていることになります。そのような証言も異議で阻止できるはずです。現場にいて信号機を見た人だけがその信号の色を記憶に基づいて証言することができるのです。先ほどの「信号は何色でしたか」という質問は、そのような前提を欠いたままで、証人に答えさせようとしている。ですから、信号の色を聞く基礎となる事実を聞いてからでないと、信号の色を聞けないわけです。例えば、事故状況の証言の後、「そのとき、あなたはどこにいましたか→交差点の東北角にいました」、「どの方角を向いていたのですか→南を向いていました」、「事故の様子以外に何を見ましたか→信号機を見ました」、「その信号機はどこにありましたか→交差点の南西角です」、「なぜ信号機を見たのですか→事故を見ましたので、反射的に信号の色を見たのです」等の証言を求めることによって、はじめて「そのときに信号の色は何色でしたか」という質問に対する証言の基礎ができたことになります。

　しかし、刑訴規則に「証言の基礎がない」というのは出てきません。そこで、わが国の異議理由に当てはめるとどれになるか、です。証言の基礎がない尋問は、「基礎たる事実」を質問の中に入れているようなものですから、そういう意味では誘導の要素があるわけです。ですから「異議。誘導」と言っても間違いとはいえないかもしれません。しかし、

質問自体は「信号は何色だったか」というものですから、信号の色を誘導していません。問題はそのような質問に答える資格があるかです。つまりその証人が信号を見えるところから見たという基礎事実が現れていないところが問題なのですから、「誘導」というのとはずれがあります。

　やはり、「証言の基礎がない」というほうが正確でしょうね。ノーファウンデーションというらしいですね。『ペリー・メイスン』（作家Ｅ・Ｓ・ガードナーが創作した法廷弁護士が活躍する推理小説）にも出てきたはずやけどな。

――例えば、証人が現場で人が動くのを見たと証言したとします。顔を見たのかどうかということを前提として聞かずに、「顔はどんな様子でしたか」ということを聞いてしまった場合はどうでしょうか。

後藤　ノーファウンデーションでしょう。「その音を聞いたとき、あなたはどこにいたか」、「音を聞いてどこに行ったか」、「そこから何が見えたか」、「その人はどこにいたか」、「その人の顔はどちらを向いていたか」というふうに聞いていって、「さて、どんな顔でしたか」と聞くべきでしょう。

　このように考えると、証言の基礎がない尋問は結構よくあります。日本では「証言の基礎がない」という異議理由が明記されていません。だから、これまで誘導とか誤導でまかなってきたのです。しかし、「証言の基礎がない」と言ったほうが、むしろ裁判所も正確に異議理由を理解できるでしょうね。

――私たちも、前提を飛ばして聞いてしまうことがあります。証言が出ても、前提がわからないから信用性の判断ができないということになるわけですね。

後藤　弁論でそのように論じることができるかもしれません。しかし、尋問があるまさにその時点で異議を申し立てなければ、裁判員・裁判官から、弁護人も、証人が見たこと自体を前提にして識別の正確性を争うという方針で臨んでいると理解されるでしょう。見たこと自体、つまり、前提を争うのであれば、当然異議を申し立てるはずだということになる。ですから、最終弁論の段階になっていきなり「そもそも証言の基礎がなかったんだ」などと言っても、説得力がなくなります。

　「証言の基礎がない」という異議の申立によって、反対尋問のターゲットも明確になるわけです。その異議に応じて証人が「証言の基礎」を具体的・明確に証言することもあるでしょうが、反対尋問のターゲットは明確になります。

●異議を発するための鍛錬方法

――異議を申し立てたいけれども、「異議があります」の後に続く言葉を思いつかないことがあります。

後藤　それは勉強してないからです。短時間の勉強でできると思います。起立して「異議。

誘導です」、「異議。誤導です」と言う練習をすればよいのです。もっと丁寧に「異議があります」と言ったほうがよいかもしれません。2、3日異議づくしの研修をするのもいいでしょう。「異議があります。誘導です」、「異議があります。誤導です」、「異議があります。伝聞です」という練習をすればよいのです。

　理由をもう少しつけ加えないと異議の理由がわかりにくいことがあります。そういう場合に、例えば、「異議があります。意見を求めるものです。検察官は、証人に他人の内心をどう思ったかを聞いています。証人がどう思ったかを聞くのですから意見を聞くものです。しかも、他人の内心を推測した意見を聞くのですから、二重の意味で推測です」とか、そういうふうに言う。理由を付け加える場合にも簡潔にまとめる必要があります。『ペリー・メイスン』とか読んでいたら、裁判官は瞬時に判断してます。日本の場合、「えっ、異議ですか。まあとりあえず答えを聞いてみましょう。聞いてみんとわからん」と言うんやからかなわん。なぜその異議になるかを説明しないと伝わらない人もいる。「異議があります。伝聞です」、「えっ、何が伝聞ですか。この人が聞いたことを証言してもらっているのです」というようなことがしょっちゅうあります。

　具体的な例を挙げたほうがわかりやすいですかね。例えば、証人の検察官調書に「Ｘさんに会うと、Ｘさんが『Ｙさんが被害者を殴るところを見た』と言っていました」とあるとしましょう。検察官がその調書に沿って尋問していきます。検察官「誰に会いましたか」、証人「Ｘさんに会いました」、検察官「そのときＸさんは、何を見たと言っていましたか」。ここで、弁護人が「異議。伝聞です」と言うでしょう。これに対して、検察官が「いや、伝聞ではありません。証人がそのときＸさんに直接聞いているから伝聞ではありません」などと反論することがよくあります。「いったい何を言っているのですか。証人は見てない。Ｘさんから聞いたことを言わせようとするのですから伝聞に決まっているでしょう」と言っても、「いや、Ｘさんから聞いたということを証人に証言してもらうのです。だから、伝聞ではありません」と答えたりします。

　しかし、仮に、Ｘさんが言ったことの真実性は問題ではなく、言ったという事実そのものを立証するというのであれば、そのような証言には関連性がありません。「Ｙさんが被害者を殴った」事実の真偽とは関係なしに、そのような話を聞いたことだけを立証しても、「Ｙさんが被害者を殴った」という要証事実の認定に影響を及ぼさないはずです。したがって、こんな質問は関連性がないわけです。ですから、「異議があります。伝聞です」との申立に対して、検察官が「聞いたこと自体を証明するんです」等と応じれば、次に「聞いたこと自体を証明するというのであれば関連性がありません」と反駁すればよいのです。もちろん、発言の中身の真実性ではなく、発言自体を立証する場合は伝聞ではありません。しかし、実際はほとんどの場合、そんな例ではありません。

　このへんの練習をちょっとやっておくとよいかもしれません。

――NITA研修では、誘導の異議は、かなり形式的に異議を申し立てて訓練しますね。先ほど後藤さんがおっしゃっていたような中身にはあまり立ち入らずに、「はい」か「いいえ」で答えられる質問をしたらすぐ異議を申し立てる。それはそれで意味があるんですか。

後藤 意味があります。NITAは何をしているかというと、未来の料理人に包丁を持たせて、キュウリ、ジャガイモを切れと言ってるわけです。君たち、フランス料理をする前に、ジャガイモを上手に切らないとまるで料理にならんぞ、とそれをやってるわけです。だから、何でもかんでも誘導は全部異議、とやっているのです。しかも、イエス、ノーで答えられるすべてが誘導尋問ではないのですが、イエス、ノーで答えられるやつは全部アウトとして訓練しているのです。すべて5W1Hか「説明せよ」、「述べよ」で聞くことを工夫しろということです。そのような訓練をすると、たちどころに効果が出ます。ですから大変意味があるわけです。

●異議に対する裁判所の訴訟指揮

――裁判官は、なかなか異議を認めてくれないですよね。

後藤 認めてくれないですよ。弁護人が伝聞の異議を申し立てると、裁判長は「検察官、意見をどうぞ」と聞きます。検察官は、ほとんどの場合「伝聞ではありません。内容を立証するのではなしに、聞いたそのこと自体を立証するんです」と言います。そこで「それなら関連性がありません」と言っても、裁判長が「どうぞ聞いてください」と続けさせることがいくらでもあります。なんで許されるのかわからんけど。それでも、同じような異議申立を3回ぐらいするでしょう。そしたら、だんだん変わってくる。異議の申立理由もだんだん詳しくする。例えば、「異議があります。伝聞供述を求めるものです。おかしいでしょう。第三者の言ったことを聞いた。そのこと自体を立証するけれども、その中身の真実性は問題ではない、というのですね。しかし、その聞いたことが真実でなければ何の意味がありますか」。

　関連性とは何か。大雑把に言うと、要証事実の存否の判断に何らかの影響を及ぼすというのが関連性です。だから、それがいくら立証されても、要証事実に何の影響も与えないような事実は関連性がないのです。内容の真実性とは関係なく聞いたという事実そのものが意味を持つのは、例えば、教科書にもよく出てくる、それを聞いたことが証人の次の行動のきっかけになったような場合です。もっと具体的に、「Xさんから、『Yさんが殴った』と聞いてすぐにその場でYさんに電話をした」という場合を例に考えましょう。Xさんから「Yさんが被害者を殴った」と聞いたことが証人の次の行動、すなわち、「すぐにYさんに電話をした」きっかけになっています。「Yさんが被害者を殴った」ことの真実性はここでは問題となっていないのです。ですから、そのような場合は伝聞供述ではなく、かつ関連性があることになります。

――他に、例えば、仮定に基づく尋問であることを理由とした異議の場合はどうでしょうか。

後藤 「仮定に基づく」というのはよく通る。刑訴規則でいうと、199条の13第2項の4号「証人が直接経験しなかった事実についての尋問」あるいは、3号の「意見を求め……る尋問」にあたると理解されるからでしょう。この異議は比較的わかりやすいのです。

ところが、これ以外の「意見を求める」尋問には問題が多い。1つは、証人に対して「どう思ったか」と聞く尋問が結構あります。例えば、検察官が証人に「Xさんを見てこの人が犯人だと思いました」と証言させようとしている例を考えてみましょう。このような尋問に対して「意見を求めるものです」と異議を申し立てると、「いや、意見を求めているのではなしに、そのときの証人の内心を聞いているから事実を聞いているのです」と応じることがあります。しかし、これも先ほどの伝聞と同じです。その証人がXさんを犯人だと思ったのは、Xさんが犯人であってはじめて意味がある。犯人でないのに犯人と思ったという事実が、犯人であることに結びつくはずがない。ですから、「それならば関連性がありません」という異議の対象となるべきです。

もう1つの検察官の対応は、「実験した事実により推測した事項」の証言であるから、法156条1項により許されるというものです。しかし、法156条1項は、実験事実に基礎を置く限りにおいて客観性と非代替性を持ち、単なる意見とは違って合理的なものでなければなりません。「犯人と思った」ことが客観性と非代替性を持っているでしょうか。証人がそのときにどう思ったかというのは本件の立証にとって何も意味がないでしょう。この法156条1項は注意しておいてください。実際の裁判でも頻繁に登場するからです。

――そこまで瞬時に頭に浮かばないときはどうすればよいのでしょうか。

後藤 それは、誰でもいいですから常にそういう議論をするのがよいと思います。私は、ミステリーが好きです。ミステリーを読んでいると、法廷場面で「異議」とか出てきます。それを読んで、「これ、どうなってるんかな」と考えたりして自然にいろいろ考えたのです。アメリカの刑訴法や法廷弁護の本を読めばきちんとしたことが書いてあるのでしょうが、私の英語力ではそんなものを読めませんので、勝手に「こうなんと違うか」、「ああなんと違うか」といろいろ考えるわけです。一人で考えるより、みんなでディスカッションしながら考えていたら、だんだんその場その場にふさわしい異議が出てくるようになります。実際の法廷でもあきらめずに異議を申し立てればいい。

「異議があります」と、次々に繰り出すのです。1回目、2回目の理由の説明では説得できなくとも、3回目にはさらに整理して説明できるでしょう。そしたら、3回目か4回目から通り出す。

――それもまた裁判員裁判になったら難しいですね。

後藤 裁判員裁判では、最初からきちんと丁寧に簡潔に説明するトレーニングをしてお

く必要があるでしょうね。1発で仕留めなあかんときもあるでしょうから。ただし、裁判員の場合はこういうことも考えられる。裁判官が不適切な訴訟指揮をしても、裁判員が弁護人の言ってるほうが正しいと思ってくれたら、結局は勝ちなんです。だから、常にわれわれは、トレーニングしてシェイプアップして、素人でもわかりやすい異議の申立、理由の言い方を身につけていないといけないと思います。

　例えば、「異議があります。伝聞です」と言うだけでは足らんかもしれません。「異議があります。伝聞、つまり伝え聞きです。今、検察官は、この証人が他の人から伝え聞いたことを証言させようとしました。このような証言に対して弁護人は、その伝え聞いた先の人に反対尋問をして信用性を吟味することはできません。ですから、法律はこのような尋問を許していません。だから、異議があるのです」と、例えばそういうふうに言う。もっと短くしないとダメかもしれんけど、とにかく、言葉を短く、削れる言葉は一語でも削って、しかもわかりやすく異議の申立をする。そういう努力をして公判に備えないといけないのかもしれませんね。

◉裁判官に対する異議

――裁判官の尋問に対する異議のことをお聞きします。基本は検察官への異議と変わらないと思うんですけれども、心証を述べるような裁判長の尋問に対してはどのように対応したらよいのでしょうか。

後藤　それはやっぱり言うとかないかんでしょうね。それは、裁判員に向けて、丁寧に異議申立をするんでしょうね。「裁判長の質問に異議があります」、「そのような聞き方をされると、証言ではなく、質問の仕方自体がお聞きになっている裁判員に誤解を与えかねないのではないでしょうか」と。「誤解を与える」と言わないで、「誤解を与えかねない」と言うのです。「あんたの心証が出ています」なんてモロに言うとかえってよくない。「誤解を与えかねないので、前提をあまり置かずにお聞き願う」と言えばよいのです。そしたら、裁判官はわかる。

――裁判官の中には、誘導とか仮定に基づく質問とかやりたい放題する人がいますね。

後藤　多い多い。誘導なんか当然許されると思ってる。主尋問で許されないけど、私がやってるのは主尋問と違うと考えている。

――そんな場合、異議を申し立てるべきでしょうか。

後藤　言うべきなんでしょうね。裁判員に影響を及ぼすというとき、質問自体に心証が露骨に出ているようなのはやっぱり異議を言ってもいいと思う。

――誤導尋問の場合だと、誤解されてるんじゃないですかなどと指摘しやすいんですけれども、単純にベラベラと自分の心証を言ったうえで、「あなたの言ってることはおかしいのではないか」みたいなことを言う人がいますね。

後藤　うん。いますね。
──裁判員裁判ではなく、裁判官裁判のときは異議を申し立てる必要はないのでしょうか。
後藤　あります。私は裁判長に言ったことがあります。初めは嫌な顔をするけど、まあ、しゃあないかなという感じです。
──裁判官に対する異議の申立は、より丁寧にしたほうがいいのでしょうか。「異議」ともあえて言わないこともあるでしょうか。
後藤　そうでしょうね。私は、アメリカで見てきたけど、「異議（小声で）」という感じで言っとったね。その後、ちょこちょこと裁判官のところへ検察官と弁護人が一緒に行くから、あれ異議やったんかという感じで。映画と全然違って、えらい遠慮して言ってるなと思いました。
　裁判官が立ち上がって、裁判官のテーブルの陪審席から離れたほうの端のところに行きました。そこへ検察官と弁護人を呼んで何やらひそひそ話をしてました。
　アメリカ等の外国に行って見たらおもしろいですよ。言葉がわからんでも、どこの国でも、この人下手くそやなとわかるような尋問をやってるから安心したりします。

◉注意が必要な検察官の尋問
──検察官の中には、あえて言わせたい答えと反対のことを聞いて答えを引き出す尋問をする人がいますね。例えば殴られたかどうかが争点の場合に、「何もされてないんですか」、「いや、殴られました」といったやりとりです。こんな場合も誘導尋問になりますか。
後藤　まずイエス、ノーで答えられます。「何もされていないのか」と言ったら、その質問の意図は、「何かされた」ということを引き出したいというのが口調とかそんなんで明確な場合がありますよね。しかも、その場にいて、立証趣旨がそうであれば、明らかに検察官の意図は、「いや、そうではない。○○をされた」というのを引き出そうと誘導している、これはそう言えるでしょう。しかし、そんなところで異議と言ってもしょうがないから異議を言わないというだけで、ほとんどの場合、それは誘導なんでしょうね。尋問者の望む答えが潜んでるんですよ。
──異議を申し立てるとしたら、理由をそこまで言う必要がありますか。
後藤　そうだと思いますよ。例えば、「誘導です。一見、望む答えが入ってないように思えるけれども、しかし、明らかに検察官は意図的に否定的な質問をすることによって肯定を引き出そうとしています」と。
──検察官が尋問の際に物や書面を示すときに注意すべきことがあれば教えてください。
後藤　この頃検事はトレーニングを受けてると思う。そんなにむちゃくちゃな示し方は

しません。示すときには、まず何年何月付の調書を示しますとか、ブツの何々を示しますとか特定して始めます。そしたら、裁判所が、「弁護人、ご意見は」と弁護人の意見を求めて、「異議ありません」と答えると検察官はそれを示します。それは、検察のほうがトレーニングできてるんと違うかな。あまり下手なのにお目にかかりませんよ。ただし、規則199条の10、同199条の11、同199条の12を明確に習得している人は少ないかもしれません。

●被害者参加の影響

——被害者参加の事件で、被害者やその代理人が尋問をする場合の異議も検察官の場合と同じように考えてよいのでしょうか。

後藤 いや、違う。被害者が参加したときには原則として異議申立をするな。私は、そう思ってる。誤ったことをした場合には躊躇せずに異議を申し立てるべきだし、場合によっては排除申立、取消の申立をしろという意見があります。被害者参加人が被告人をにらみつけたり威嚇したら、公正な裁判を妨げる、というのです。しかし、私は反対です。私は、そんなことが起こることは必ずしも悪いとは思わない。だって、裁判員が見てたらどう思うか。被害者のほうが居丈高で、被告人が大人しく本当に真摯に裁判を受けている様子を見れば、どっちに傾くかはっきりしてる。それをどうして排除しなければならないのでしょうか。

例えば、前提を間違った誤導尋問をしたとします。こちら側の証人がちゃんと耐えられるようにしておくことが前提ですが、それさえできていれば、異議は申し立てないほうがよい場合がある。むちゃくちゃな質問しとるなと考えて黙っていたらよい。威嚇的な尋問をしていても同じです。

法廷に被害者が来たときのわれわれの方針ははっきりしてる。検察官対被告人ではなく、被害者対被告人・弁護人になってしまう。こちらが攻撃したら絶対損です。防御に専念するというのが私の回答です。

——なるほど。

後藤 われわれは防御する。攻撃したらダメだというのが私の考えです。でも、その防御が結構難しいのです。依頼人と話し合っておくのが基本です。「君な、被害者が怒るのは当たり前やで」って。「あなたが、『おれは悪くない』とか『おれは10も悪いことしてない、7しかしてない』というのはわかる。被害者も3言い過ぎている。しかし、7でも悪いやつは、被害者から見たら100悪いと思うて当たり前や」。そういうディスカッションをしておくのです。本人が理解したらそんな変なことにならへん。ただ黙っとけよと言うたのではダメです。ちゃんと本人と話をしておかないと適切な対応はできない。

——裁判官にやんわり被害者を止めてもらうという趣旨の異議でもダメですか。

後藤 必要ない。そんなときには、ほっといても検事が止めるでしょう。こんなんやっとったらえらいこっちゃと思う。弁護人を見たら喜んでやがる、くそっと思って止めるやろ。

―― 刑裁修習中に見たんですが、危険運転致死の事案で、被害者のお母さんが意見陳述をして、手紙を読むだけだったんですけれども、最後に写真を被告人に突きつけて、「あんたが殺したのはこの子よ」と罵った事件があるんです。見ていた修習生の意見の大半が、被害者の痛ましい心情に同情するほうに傾いたので、異議を申し立てて止める意味もあるのかなという気もします。

後藤 そのときに被告人が泣くか平伏したらいい。「ごめんなさい」と言ってがばっと。

―― 被告人はそのとき泣きながら謝っていました。

後藤 そんな遺族の対応でどっちに転ぶかわかりません。われわれが阻止しようと思っても、そう思う人は、弁護人が自然な感情の発露を阻止したという印象を持ちかねないですよ。だから、このような場面ではわれわれにプラスはない。そこでプラスをとろうなんて絶対無理です。だから、マイナスをいかに少なくするか。これが戦略です。そうすると、少なくするためにはどうするか。何もしないのが一番ということもある。それで防御をする。

―― ありがとうございました。

〔聞き手：間光洋・三上岳〕

執筆者(五十音順)：

荒木博志／井原誠也／岡本仁志／小坂井久／後藤貞人／
西園寺泰／佐藤正子／杉平大充／髙見秀一／高山 巖／
寺田有美子／栃本一樹／間 光洋／平澤威海／三上 岳／
森 直也／山極良太／山口要介／山本了宣／吉原 基

※ 甲南大学法科大学院の渡辺修教授には、本書の原稿に一通り目を通していただき、有益な助言をいただいた。本書に至らぬ点があるとすれば、執筆者一同の責任であることはいうまでもない。

実践！ 刑事弁護異議マニュアル
（じっせん）　（けいじべんごいぎ）

2011年11月30日　　第1版第1刷
2022年8月30日　　第1版第5刷

著　者　　大阪弁護士会 刑事弁護委員会 公判弁護実務部会
発行人　　成澤壽信
編集人　　西村吉世江
発行所　　株式会社 現代人文社
　　　　　〒160-0004 東京都新宿区四谷2-10 八ッ橋ビル7階
　　　　　振替：00130-3-52366
　　　　　電話：03-5379-0307（代表）
　　　　　FAX：03-5379-5388
　　　　　E-Mail：henshu@genjin.jp（編集部）／hanbai@genjin.jp（販売部）
　　　　　Web：http://www.genjin.jp
発売所　　株式会社 大学図書
印刷所　　株式会社 シナノ書籍印刷
装　幀　　クリエイティブ・コンセプト

検印省略　Printed in JAPAN　ISBN978-4-87798-497-7 C2032
©2011　大阪弁護士会
本書の一部あるいは全部を無断で複写・転載・転訳載などをすること、または磁気媒体等に入力することは、法律で認められた場合を除き、著作者および出版者の権利の侵害となりますので、これらの行為をする場合には、あらかじめ小社また著者宛てに承諾を求めてください。

異議があります!!

異議の種類	異議の内容
関連性のない尋問（規則199条の3第1項）	関連性のない尋問です。
主尋問における誘導尋問（規則199条の3第3項）	誘導尋問です。
不相当誘導尋問（規則199条の3第5項）	（規則199の3第3項各号に該当するという意見に対しては）○○○という理由で証人の証言に不当な影響を与えるので、不相当な誘導尋問です。
誤導尋問（規則199条の3第3項・同第5項）	誤導尋問です。前提が誤っています。
要約不適切な尋問（規則199条の3第3項）	検察官は○○と言いましたが、証人は△△としか証言していません。要約不適切です。
前提誤認の尋問（規則199条の3第3項）	今の検察官の尋問は、前提が誤っています。誤導尋問です。
反対尋問の範囲外（規則199条の4第1項）	反対尋問の範囲を超えた尋問です。検察官のただ今の尋問は、主尋問に現れていない事項です。関連するものでもありません。また、証人の供述の証明力を争うために必要な事項でも関連するものでもありません。
再主尋問の範囲外（規則199条の7第1項）	再主尋問の範囲を超えた尋問です。検察官のただ今の尋問は、反対尋問に現れていない事項です。関連する事項でもありません。
書面、物などを示してする尋問（規則199条の10、同199条の11、同199条の12）	・閲覧する機会が与えられていません（規則199条の10、同199条の11、同199条の12）。 ・供述調書を示して尋問することは禁じられています（規則199条の11第1項括弧書き）。 ・証人の供述に不当な影響を及ぼすものです（規則199条の11第2項）。 ・不相当な誘導尋問です（規則199条の3第5項 同199条の11、同199条の12）。
個別的でない尋問、具体的でない尋問（規則199条の13第1項）	検察官のただ今の尋問は、○○という点で（個別的／具体的）ではありません。
威嚇的な尋問、侮辱的な尋問（規則199条の13第2項1号）	検察官のただ今の尋問は（威嚇的／侮辱的）な尋問です。
重複尋問（規則199条の13第2項2号）	重複尋問です。すでに証人は、同じ質問に○○と答えています。
意見を求める尋問（規則199条の13第2項3号）	意見を求める尋問です。
議論にわたる尋問（規則199条の13第2項3号）	すでに議論にわたっております。
証人が直接経験しなかった事実についての尋問（規則199条の13第2項4号）	証人が直接経験していない事実についての尋問です。
伝聞供述を求める尋問（法320条1項）	伝聞供述を求める尋問です。 ※「聞いた事実について証言を求めているに過ぎない」という意見に対しては→検察官の述べた要証事実を前提としても異議があります。証人が聞いた事実自体を質問するのであれば、関連性がありません。証人がその事実を聞いたということ自体は、本件公訴事実に対して何の証明力もありません。
冒頭陳述／論告に対する異議	・検察官の冒頭陳述の○○○という点は、（証拠とすることができない資料に基づくものであり／供述調書の一部の朗読をしており、（法296条但書き／法296条本文）に反し、違法です。 ・検察官の論告の○○○という点、証拠に基づかないものであり、法293条1項、法295条1項に違反しており、削除を求めます。
証拠決定に対する異議	ただ今の（証拠決定／却下決定）には、規則199条1項および189条の2の必要性、○○条の解釈適用を誤った違法があります。

異議には理由があります!!

	異議には理由があります	
関連性のない尋問 (規則199条の3第1項)	・証人の（観察／記憶／経歴／表現の正確性／利害関係／交友関係）に関するもので、証言の信用性という点で関連しています。	
主尋問における誘導尋問 (規則199条の3第3項)	・証人の（身分／経歴／交友関係）に関するもので、実質的な尋問に入るに先立って明らかにする必要のある準備的な事項に関するものです（規則199条の3第3項1号）。 ・争いがないことが明らかな事項です（規則199条の3第3項2号）。 ・証人の記憶が明らかではないので、記憶喚起のために必要があります（規則199条の3第3項3号）。 ・証人は、尋問者に対して敵意／反感を示しています（規則199条の3第3項4号）。 ・証人は証言を避けようとしています（規則199条の3第3項5号）。 ・証人の相反供述に関する尋問です（規則199条の3第3項6号）。 ・○○という理由で誘導尋問を必要とする特別の事情があります。	
不相当な誘導尋問 (規則199条の3第5項)	・証人が○○○という証言をしているので、△△△という点で相当な誘導尋問です。	
誤導尋問 (規則199条の3第3項・5項)	・証人は○○と証言しましたので、(誤導／要約不適切／前提誤認) ではありません。	
要約不適切な尋問 (規則199条の3第3項)	・(誤っていたら) 撤回します。	
前提誤認の尋問 (規則199条の3第3項)		
反対尋問の範囲外 (規則199条の4第1項)	・証人は○○と証言したので、これに関連する事項です。	
再主尋問の範囲外 (規則199条の7第1項)	・(主尋問に関連しないという異議なら) 証人の供述の証明力を争うために必要な事項です (規則199条の4第1項)。	
書面、物などを示してする尋問 (規則199条の5の10、同199条の11、同199条の12)	(自己矛盾供述を明らかにするために供述調書を示すことへの異議なら) 記憶喚起のために示すのではありません。証人の証言と自己矛盾する供述が過去に存在したことを法廷に顕出するためのものです。証人の証言はすでに出ておりますので、証人の供述内容に不当な影響を及ぼすことはありません。	
個別的でない尋問、具体的でない尋問 (規則199条の13第1項)	・○○という点を質問しておりますから、個別的な質問です。 ・(個別的でないときは) 聞き直します。	
威嚇的な尋問、侮辱的な尋問 (規則199条の13第2項1号)	○○ですから、(威嚇的／侮辱的) ではありません。	
重複尋問 (規則199条の13第2項2号)	・重要な点なので、確認のために聞いております。正当な理由があります (規則199条の13第2項)。 ・質問は同じですが、証人が答えていないので聞いています。正当な理由があります (規則199条の13第2項)。	
意見を求める尋問 (規則199条の13第2項3号)	・証人が、実験した事実によって推測した事項について証言を求めています。正当な理由があります (法156条、規則199条の13第2項)。 ・当時の証人の認識を聞いているのではありません。	
議論にわたる尋問 (規則199条の13第2項3号)	・という事実を質問しているので、議論にわたっているのではありません。 ・議論にはわたりますが、この点は○○に関しますので、正当な理由があります (規則199条の13第2項)。	
証人が直接経験しなかった事項についての尋問 (規則199条の13第2項4号)	・○○という理由で、証言してもらう必要があります。正当な理由があります (規則199条の13第2項)。 ・証人は○○しているので、その事項を直接に見聞しています。	
伝聞供述を求める尋問 (法320条1項)	供述の存在自体を立証する質問です。	

©大阪弁護士会